象牙塔里的法治手账

U0965795

通海律漪：

新时代大学生法律风险防范与权益指南

沈海涛　崔姗姗　主　编
周建国　戴国印　副主编

華東理工大學出版社
EAST CHINA UNIVERSITY OF SCIENCE AND TECHNOLOGY PRESS
·上海·

图书在版编目(CIP)数据

通海律漪 ：新时代大学生法律风险防范与权益指南 / 沈海涛，崔姗姗主编 ；周建国，戴国印副主编. -- 上海 ：华东理工大学出版社，2025. 8. -- ISBN 978-7-5628-7893-3

Ⅰ. D920.4

中国国家版本馆 CIP 数据核字第 2025W833W3 号

内容提要

本书以习近平新时代中国特色社会主义思想为指导，深入贯彻习近平法治思想，从高校大学生日常学习、生活等场景出发，结合大学生常见违法行为及相关法律案例，系统梳理大学生常见的法律风险点，以大学生身边人身边事为蓝本，通过法律风险防范与法律案例警示，提升大学生法治意识，为新时代大学生维护自身合法权益提供指导和帮助。本书内容围绕中国特色社会主义法律体系，以大学生成长发展为主线，具体包含国家安全与荣誉、校园安全与秩序、学业与职业成长、人身权益与财产安全等方面，涵盖刑事、民事与行政等法律关系，通过简洁清晰的大学场景事例引入和问答互动，综合运用法律规范、案例解读、实例拓展等方式，为大学生提供实用的法律风险防范与权益指南，为新时代高校学生法治教育实践提供借鉴指导。

策划编辑 / 藕　园
责任编辑 / 藕　园
责任校对 / 张　云
装帧设计 / 徐　蓉
出版发行 / 华东理工大学出版社有限公司
地址：上海市梅陇路 130 号，200237
电话：021-64250306
网址：www.ecustpress.cn
邮箱：zongbianban@ecustpress.cn
印　　刷 / 上海盛通时代印刷有限公司
开　　本 / 889 mm×1194 mm　1/32
印　　张 / 4.75
字　　数 / 84 千字
版　　次 / 2025 年 8 月第 1 版
印　　次 / 2025 年 8 月第 1 次
定　　价 / 14.80 元

序
律漪清波向青春

中国特色社会主义进入新时代以来，全面依法治国稳步推进，习近平法治思想深入人心。青年大学生作为国家未来的栋梁之材，其法治素养不仅关乎个人成长，还与中华民族伟大复兴息息相关。然而，校园并非与世隔绝的象牙塔，在信息爆炸、价值多元的当下，大学生面临的法律风险随处可见却又常被忽视。正是在这样的背景下，《通海律漪：新时代大学生法律风险防范与权益指南》应运而生，为大学生的青春保驾护航。

本书以习近平新时代中国特色社会主义思想为根本遵循，创造性采用“场景化普法”模式，以大学生的常见校园场景作为事例引入，通过问答的形式为大学生的权益保障提供指引，同时列举相关法律规范，结合场景事例进行分析解读，将抽象的法条转化为大学生熟悉的校园场景叙事，最后辅以法律案例举一反三，进一步深化大学生对法律规范的理解。书中法律案例皆源自司法实践：有因泄露国家秘密身陷囹圄的“天之骄子”，有在社交媒体发表不当言论触犯法律的“博主达人”，有因学术不端付出沉重代价的“青年才俊”，有因轻信不明来源信息上当受骗的“斜杠青年”……这些“身边人身边事”的具体呈现，打破了传统普法教育“重理论轻实践”的窠臼，使大学生在情感共鸣中逐步提升法治认识。编者团队匠心独运地构建“场景导入—问答互动—法律规范—案例解读—实例拓展”五维体系，每个知识点既阐明“什么是违法”，又着重指导“如何不违法”，这种创新性普法思维正是新时代大学生法治教育的精髓所在。

在内容架构上，本书突破部门法的传统分类，按照大学生成长轨迹设计篇章：从维护国家安全的政治底线，到公共秩序的清晰认识；从科研实践的学术规范到职业成长的风险防范；从人际交往的虚实界限到校园贷的财产守护。这种以学生为中心的架构设计，使《中华人民共和国民法典》《中华人民共和国刑法》等看似分散的法律文本，化作可感可知的生活日常。特别值得称道的是问答互动环节的设计，本书通过模拟法律咨询场景，培养大学生“遇事找法”的思维习惯，这种参与式学习模式将有效提升法治教育的实效性。

当前，高校法治教育正面临深刻转型——从单纯的法律知识普及转向法治素养培育，从被动预防转向主动赋能。本书的出版不仅在于提供大学生法律风险的防范预案，更在于培育三种核心能力：对法律底线的敬畏之心、对权益边界的清醒认知和对法治文化的践行自觉，从而帮助大学生养成“办事依法、遇事找法、解决问题用法”的思维模式，探索全面依法治国战略在大学校园的生动实践。

通海之阔，源于涓涓细流；法治之兴，始于知行合一。愿这本凝聚法律智慧与教育实践的著作，能如律漪清波、涤荡迷茫，助力新时代大学生在法治阳光下健康成长，让青春之花绽放在祖国和人民最需要的地方！

本书编委会

2025 年夏于上海

目　录

一、国家安全与荣誉：守护法律红线的爱国心

（一）泄露国家秘密

1. 张三是某高校在读学生，在某兼职群中认识了旅居外国的雇主李四。李四发布的工作任务很简单，仅需在指定的城市制高点拍摄道路照片，就能获取相应的报酬。沿海城市的同学如果能拍到军港附近的道路照片，获得的报酬将会更丰厚。李四通常使用境外手机号码与张三进行工作联系，张三隐隐觉得不妥，但最终难以抵挡金钱的诱惑，通过这份兼职赚取了不少生活费。

小鲤提问： 张三是否应该接受该兼职？

小法回答： 张三不应接受该兼职，其行为可能构成为境外非法提供国家秘密罪。

法律规范：

(1)《中华人民共和国刑法》(以下简称《刑法》)第一百一十一条

【为境外窃取、刺探、收买、非法提供国家秘密、情报罪】为境外

的机构、组织、人员窃取、刺探、收买、非法提供国家秘密或者情报的，处五年以上十年以下有期徒刑；情节特别严重的，处十年以上有期徒刑或者无期徒刑；情节较轻的，处五年以下有期徒刑、拘役、管制或者剥夺政治权利。

(2)《中华人民共和国保守国家秘密法》(以下简称《保守国家秘密法》)第十三条

下列涉及国家安全和利益的事项，泄露后可能损害国家在政治、经济、国防、外交等领域的安全和利益的，应当确定为国家秘密：

(一) 国家事务重大决策中的秘密事项；

(二) 国防建设和武装力量活动中的秘密事项；

(三) 外交和外事活动中的秘密事项以及对外承担保密义务的秘密事项；

(四) 国民经济和社会发展中的秘密事项；

(五) 科学技术中的秘密事项；

(六) 维护国家安全活动和追查刑事犯罪中的秘密事项；

(七) 经国家保密行政管理部门确定的其他秘密事项。

政党的秘密事项中符合前款规定的，属于国家秘密。

(3)《保守国家秘密法》第十四条

国家秘密的密级分为**绝密、机密、秘密三级**。绝密级国家秘密是最重要的国家秘密，泄露会使国家安全和利益遭受特别严重的损害；机密级国家秘密是重要的国家秘密，泄露会使国家安全和利益遭受严重的损害；秘密级国家秘密是一般的国家秘密，泄露会使国家安全和利益遭受损害。

案例解读： 维护祖国的安全、荣誉和利益是我国公民的基本义务，每一位中华人民共和国公民都应当自觉遵守。城市特定区域，尤其是军港等军事区域和相关设施的地理信息、图像资料，涉及国家安全和利益，应当予以保密。而为境外组织非法提供应当保密的信息、数据，是《刑法》明文规定的禁止行为。张三在利益诱惑下多次为境外机构提供情报，导致国家秘密泄露，显然侵犯了国家利益，构成为境外非法提供国家秘密罪。

小鲤提示： 刺探、窃密、间谍等活动可能就在我们身边。作为大学生，我们要增强法治意识，面对境外间谍组织及人员的渗透策反活动，一定要严词拒绝，并及时向当地国家安全机关报告或者拨打国家安全机关受理公民和组织举报电话（**国家安全机关举报受理平台 www.12339.gov.cn，国家安全机关举报受理电话 12339**）。

2. 张三加入了导师的课题组，协助开展一项涉密项目的科研工作。某天，张三在课题组内部举行的会议上合法获悉了多项国家尚未对外公布的涉密统计数据，私下多次将这些数据透露给在相关行业某公司工作的社会人员李四。

小鲤提问： 张三是否可以将研究数据透露给他人？

小法回答： 不可以，张三的行为涉嫌构成故意泄露国家秘密罪。

法律规范：

《刑法》第三百九十八条

【故意泄露国家秘密罪；过失泄露国家秘密罪】国家机关工作人员违反保守国家秘密法的规定，**故意或者过失泄露国家秘密**，情节严重的，处**三年以下有期徒刑或者拘役**；情节特别严重的，处三年以上七年以下有期徒刑。

非国家机关工作人员犯前款罪的，依照前款的规定酌情处罚。

案例解读： 行为人违反《刑法》的规定，故意泄露国家秘密，情节严重时构成故意泄露国家秘密罪。张三在内部会议上获悉了涉密统计数据，虽然其获得方式合法，但是泄露数据的行为显然违反了法律规定，理应受到法律制裁。

案例1： 黄某通过QQ与一位境外人员结识，后多次按照对方要求到某军港附近进行观测，采取望远镜观看、手机拍摄等方式，甚至购买长焦镜头观察、搜集军港内军舰信息，通过邮件传送给对方，以获取报酬。至案发，黄某累计向境外人员报送信息90余次，收取报酬5.4万元。经鉴定，黄某向境外人员提供的信息中有 1 项为机密级军事秘密。

法院经审理认为，黄某无视国家法律，接受境外人员指使，为境外人员刺探、非法提供国家秘密，其行为已构成为境外刺探、非法提供国家秘密罪。依照《刑法》相关规定，对黄某以为境外刺探、非法提供国家秘密罪判处有期徒刑五年，剥夺政治权利一年，并处没收个人财产人民币五万元。

案例 2：孙某在担任国家某部门办公室局长秘书室副主任及局领导秘书时，于 2009 年 6 月至 2011 年 1 月，违反国家保密法的规定，通过 MSN 聊天工具，先后多次将国家统计局尚未公布的涉密统计数据共计 27 项透露给某证券股份有限公司工作人员及其他证券公司的工作人员。在上述统计数据中，有 14 项为机密级国家秘密，有 13 项为秘密级国家秘密。

2011 年 9 月 8 日，北京市西城区人民法院依法判决孙某犯故意泄露国家秘密罪，判处有期徒刑五年。

（二）“翻墙”上网陷阱

宋某是某高校一名在读学生。在一次“翻墙”浏览国外网站时，给他推送了一个广告链接，引导他跳转到某反华政党官方网站。出于好奇和猎奇的心态，宋某按照提示申请加入该政党，并填写了个人信息。随后，宋某陆续收到多封介绍该政党的政治纲领及近期反华活动情况的电子邮件，并且邀请宋某以志愿者身份帮助该政党开展拉票、筹款等活动。此外，宋某还关注多个境外反华账号，对相关反华内容进行浏览、转发和评论。

小鲤提问：宋某的上述行为将会面临怎样的后果？

小法回答：宋某可能因违反《中华人民共和国反间谍法》（以下简称《反间谍法》）而受到行政处罚，甚至触犯《刑法》构成犯罪。

国家安全机关在深入侦查、固定证据的基础上，依法对宋某进行行政询问，并根据《反间谍法》的相关规定，给予宋某警告的行政处罚决定，并出具行政处罚决定书。经过教育转化，宋某对自己的行为表达了悔意，停止了关注境外反华网站，删除相关负面言论，承诺今后不再从事类似活动。

法律规范：

（1）《反间谍法》第五十三条

实施间谍行为，构成犯罪的，**依法追究刑事责任**。

（2）《反间谍法》第五十四条

个人实施间谍行为，尚不构成犯罪的，由国家安全机关**予以警告**或者**处十五日以下行政拘留**，单处或者并处五万元以下罚款，违法所得在五万元以上的，单处或者并处违法所得一倍以上五倍以下罚款，并可以由有关部门依法予以处分。

明知他人实施间谍行为，**为其提供信息、资金、物资、劳务、技**

术、场所等支持、协助，或者窝藏、包庇，尚不构成犯罪的，依照前款的规定处罚。

(3)《刑法》第一百零二条

【背叛国家罪】勾结外国，危害中华人民共和国的主权、领土完整和安全的，处无期徒刑或者十年以上有期徒刑。

与境外机构、组织、个人相勾结，犯前款罪的，依照前款的规定处罚。

(4)《刑法》第一百零三条

【分裂国家罪、煽动分裂国家罪】组织、策划、实施分裂国家、破坏国家统一的，对首要分子或者罪行重大的，处无期徒刑或者十年以上有期徒刑；对积极参加的，处三年以上十年以下有期徒刑；对其他参加的，处三年以下有期徒刑、拘役、管制或者剥夺政治权利。

煽动分裂国家、破坏国家统一的，处五年以下有期徒刑、拘役、管制或者剥夺政治权利；首要分子或者罪行重大的，处五年以上有期徒刑。

(5)《刑法》第二百八十五条

【非法侵入计算机信息系统罪；非法获取计算机信息系统数据、非法控制计算机信息系统罪；提供侵入、非法控制计算机信息系统程序、工具罪】违反国家规定，侵入国家事务、国防建设、尖端科学技术领域的计算机信息系统的，处**三年以下有期徒刑**或者

拘役。

违反国家规定，侵入前款规定以外的计算机信息系统或者采用其他技术手段，获取该计算机信息系统中存储、处理或者传输的数据，或者对该计算机信息系统实施非法控制，情节严重的，处三年以下有期徒刑或者拘役，并处或者单处罚金；情节特别严重的，处三年以上七年以下有期徒刑，并处罚金。

提供专门用于侵入、非法控制计算机信息系统的程序、工具，或者明知他人实施侵入、非法控制计算机信息系统的违法犯罪行为而为其提供程序、工具，情节严重的，依照前款的规定处罚。

单位犯前三款罪的，对单位判处罚金，并对其直接负责的主管人员和其他直接责任人员，依照该款的规定处罚。

案例解读： 宋某非法浏览境外服务器相关网页内容，是一种破坏网络安全的行为。同时，其加入反华政党从事非法活动，并关注多个境外账号，对相关内容进行浏览、转发和评论，是危害国家安全的行为，明显违反了上述法律规定，应当承担法律责任。

小鲤提示： 大学生是网络活跃用户群体，同时好奇心比较重。个别大学生因为好奇或者“炫耀技术”等，通过“翻墙”上网，不知不觉已经触犯法律。境外反华敌对势力常常利用大学生价值观尚未成型、政治鉴别能力不强等特点，通过“洗脑”、利益诱惑等方式拉拢渗透，因此大学生需要格外警惕。网络不是法外之地，大学生要依法依规上网，不仅不能“翻墙”，更不能利用网络从事危害国家安全、危害他人利益的活动。

案例 1： 1999 年出生的田某为某高校新闻系学生，从小收听境外反华广播节目，并经常浏览大量境外有害政治信息。2016 年 1 月，田某开通境外社交媒体账号与境外反华势力互动。

进入大学后，田某经推荐成为某西方知名媒体见习记者，参与炒作多起热点敏感事件，累计向境外提供反动宣传素材 3 000 余份，刊发反动宣传署名文章 500 余篇，收受了大量“活动经费”。2018 年，在境外势力的蛊惑教唆下，田某自主创办境外反华网站，大肆传播各类反华信息和政治谣言，恶毒攻击我国。2019 年 4 月，田某受境外反华敌对势力的邀请，在西方某国同 20 余个敌对组织接触，并接受该国 10 余名官员的直接问询和具体指令，秘密搜集提供污蔑抹黑中国的“证据”，开展了一系列渗透活动。

经过严密侦查，国家安全机关侦破了田某煽动颠覆国家政权案，并于 2019 年 6 月将田某抓捕归案。2020 年 11 月，法院对此案进行非公开审理。

案例 2： 2019 年 12 月，小南发现“翻墙”软件有较大的市场需求，为牟取非法收益，其从他人处获得某 VPN“翻墙”软件的代理权限。随后，小南利用社交平台推广该 VPN“翻墙”软件，开发注册账号售卖给客户，还设置了包年、包季、包月三种套餐，先后吸引了数百人购买。2021年下半年，小南在公安机关一次网络安全专项行动中落网。经查，截至案发时，小南共计提供VPN“翻墙”服务297人次，非法获利1.2万余元。

当地检察院经审查后以涉嫌提供侵入、非法控制计算机信息系统程序、工具罪对小南依法提起公诉。最终，法院判处小南有期徒刑三年，缓刑三年六个月，并处罚金1.5万元。

（三）侮辱国旗、国徽、国歌

大学生张三、李四、王五等人是某高校学生社团成员。一次，三人承担了整理社团物资的工作，张三在整理时发现了一箱合唱比赛时使用的小国旗。因储物间空间有限，张三便将小国旗随意扔到了楼下的垃圾桶中。

小鲤提问：如果你当时在场，是否会制止张三等人？

小法回答：应当及时制止，张三等人随意丢弃国旗的行为可能触犯法律。任何人应当尊重和爱护国旗，不得随意丢弃。

法律规范：

(1)《中华人民共和国国旗法》（以下简称《国旗法》）第十九条

不得升挂或者使用破损、污损、褪色或者不合规格的国旗，不得倒挂、倒插或者以其他有损国旗尊严的方式升挂、使用国旗。

不得随意丢弃国旗。破损、污损、褪色或者不合规格的国旗应当按照国家有关规定收回、处置。**大型群众性活动结束后，活动主办方应当收回或者妥善处置活动现场使用的国旗**。

（2）《国旗法》第二十三条

在公共场合故意以焚烧、毁损、涂划、玷污、践踏等方式侮辱中华人民共和国国旗的，依法追究刑事责任；情节较轻的，由公安机关处以**十五日以下拘留**。

（3）《刑法》第二百九十九条

【侮辱国旗、国徽、国歌罪】在公共场合，故意以焚烧、毁损、涂划、玷污、践踏等方式侮辱中华人民共和国国旗、国徽的，处**三年以下有期徒刑、拘役、管制**或者剥夺政治权利。

在公共场合，故意篡改中华人民共和国国歌歌词、曲谱，以歪曲、贬损方式奏唱国歌，或者以其他方式侮辱国歌，情节严重的，依照前款的规定处罚。

案例解读：张三等人随意将国旗丢入垃圾桶的行为明显不妥，任何人发现该行为，都应当制止。国旗、国徽、国歌是国家的象征和标志，代表着国家的主权和尊严，中华人民共和国的每一个公民和组织都应当尊重和爱护国旗、国徽、国歌。

案例1：2017年10月3日至10月6日晚间，吴某某携带剪刀至天津市某小区内，剪破、损毁悬挂于楼栋门前的中华人民共和国国旗，并将部分损毁的国旗、旗杆丢弃在小区道路及垃圾桶等处，共损毁国旗66面。2017年12月，天津市河西区人民法院对其进行了公开审理，认为吴某某在公共场合用剪刀剪坏、损毁中华人民共和国国旗，行为已构成侮辱国旗罪，判处吴某某有期徒刑二年。

案例2：2018年2月，钟某在广宁县南街镇德胜街某武馆开业庆典时，用国旗当红布摆放祭品，在进行“狮子点睛”仪式时践踏国旗。法院经审理最终判处钟某有期徒刑6个月。

（四）侮辱英雄先烈

张三是一名大学生，在学习之余经营了校园生活类微博账号，该账号在学生群体中非常受欢迎。某日，为吸引流量，张三在发布的微博中使用低俗语言恶搞革命烈士的经典作品，否认烈士英勇事迹的价值。

小鲤提问：张三恶搞革命英雄形象等行为是否违法？

小法回答：张三的行为严重侵害英烈名誉，涉嫌构成侮辱罪。

法律规范：

（1）《刑法》第二百四十六条

【侮辱罪、诽谤罪】以暴力或者其他方法公然侮辱他人或者捏造事实诽谤他人，情节严重的，处**三年以下有期徒刑、拘役、管制**或者**剥夺政治权利**。

前款罪，告诉的才处理，但是严重危害社会秩序和国家利益的除外。

通过信息网络实施第一款规定的行为，被害人向人民法院告诉，但提供证据确有困难的，人民法院可以要求公安机关提供协助。

(2)《中华人民共和国英雄烈士保护法》(以下简称《英雄烈士保护法》)第二十六条

以**侮辱**、**诽谤**或者**其他方式**侵害英雄烈士的**姓名**、**肖像**、**名誉**、**荣誉**，损害社会公共利益的，依法**承担民事责任**；构成违反治安管理行为的，由公安机关依法**给予治安管理处罚**；构成犯罪的，依法**追究刑事责任**。

案例解读： 依照《英雄烈士保护法》相关规定，张三在网络平台上公开发布否定英烈崇高革命气节和伟大爱国精神的言论，严重侵害了英烈名誉，应当承担相应的法律责任，甚至可能构成犯罪。张三的言论通过微博传播，不仅侮辱、诋毁了革命先烈，也伤害了社会公众的民族和历史情感，损害了社会公共利益，其行为于情于法都是不正当的。互联网并非法外之地，因此张三需要为自己的行为负责，承担相应的法律责任。

案例 1： 2018 年 5 月 8 日，“某漫画”在网络平台发布了一段含有揶揄董存瑞烈士和叶挺烈士内容的短视频，其中含有侮辱性质的言语。2018 年 5 月 24 日，叶挺烈士之子叶正光及孙辈一起向西安市雁塔区人民法院提交了对某公司（即“某漫画”所属公司）的起诉书。后法院判决该公司在三家国家级媒体上连续五天公开发布赔礼道歉公告，同时，判令其赔偿相关方精神损害抚慰金共计 10 万元。

案例 2: 2018 年 9 月 19 日凌晨，湖南某大一新生王某使用网名，在微博上发布“爱国是不可能爱国的……”“都大学生了还爱国，我看你就是蠢货”等辱国言论，被网友举报。经当地有关部门和学校核查，王某对所发错误言论供认不讳。有关部门及学校又查实其入学以来多次在学生宿舍发表辱国言论，且不听同学劝阻，并对同寝室同学的爱国言论冷嘲热讽。根据《普通高等学校学生管理规定》等相关文件，学校决定取消其入学资格。

二、校园安全与秩序：筑牢平安校园的安全网

（一）醉酒/酗酒

1. 某天，学生小梦受到老师的批评后觉得愤愤不平，于是在傍晚时独自出校喝酒。醉酒后，小梦砸坏了饭店内桌椅数张、电脑一台，店家损失共计一万余元。店主打电话报警后，小梦才有所收敛。

小鲤提问： 小梦是否需要赔偿饭店损失？

小法回答： 小梦损坏了饭店财物，需要进行赔偿，为其行为承担相应责任。

法律规范：

(1)《中华人民共和国民法典》(以下简称《民法典》)第一千一百六十五条

行为人**因过错侵害他人民事权益造成损害**的，应当**承担侵权责任**。

依照法律规定推定行为人有过错，其不能证明自己没有过错

的，应当承担侵权责任。

(2)《民法典》第一千一百八十四条

侵害他人财产的，财产损失按照损失发生时的市场价格或者其他合理方式计算。

(3)《中华人民共和国治安管理处罚法》(以下简称《治安管理处罚法》)第十五条

醉酒的人违反治安管理的，应当**给予处罚**。醉酒的人在醉酒状态中，对本人有危险或者对他人的人身、财产或者公共安全有威胁的，应当**对其采取保护性措施约束至酒醒**。

案例解读：小梦醉酒后毁坏饭店财物，其行为具有过错，造成了饭店一万余元的损失，应对饭店进行赔偿。当大学生心有不快时，借酒消愁并非解决问题的最好方式。独自出门大量饮酒，会给自己的人身财产安全带来风险，甚至可能造成更加严重、不可挽回的后果。

2. 某日，学生刘某邀请了本班同学朱某等多人至学校附近的餐馆聚餐。其间，刘某在朱某已不胜酒力的情况下仍然劝其饮酒，导致朱某醉酒。最终，在走出饭店时，朱某因在店前的台阶上未能站稳，后仰倒下并陷入昏迷，饭店老板当即拨打120，经医院诊断，朱某为轻伤。

小鲤提问：刘某是否应对朱某受伤承担责任？

小法回答： 刘某作为同饮人，在朱某已不胜酒力的情况下，仍劝其饮酒，最终致使朱某醉酒受伤，刘某应承担侵权责任。

法律规范：

（1）《民法典》第一千一百六十五条

行为人**因过错侵害他人民事权益造成损害**的，应当承担**侵权责任**。

依照法律规定推定行为人有过错，其不能证明自己没有过错的，应当承担侵权责任。

（2）《民法典》第一千一百七十三条

被侵权人对同一损害的发生或者扩大有过错的，可以减轻侵权人的责任。

案例解读： 共同饮酒行为虽然不直接产生法律上的权利义务关系，但是**共同饮酒的参与人之间在共同饮酒过程中及饮酒之后应当相互承担提醒、劝阻、通知、协助、照顾等义务**。若共同饮酒后发生人身伤亡事故，共同饮酒参与人未尽到上述义务，共同饮酒参与人均构成民法上的过错，应当承担相应的赔偿责任。但是同饮者承担的责任只是一种次要责任，主要责任在于饮酒人本人。

小鲤提示： 俗话说："小饮酌情，大饮伤身。"我国的酒文化历史悠久，亲朋好友相聚难免会小酌几杯，以联络和增进感情，这是合理的社交行为，但是应该量力而行，杜绝劝酒，避免造成悲剧。

常见劝酒情形：① 强迫性劝酒，如以“不喝不够朋友”等语言刺激对方喝酒，或在对方已喝醉、意识不清、没有自制力的情况下仍劝其喝酒的行为。② 明知对方不能喝酒但仍劝其饮酒，如明知对方身体状况但仍劝其饮酒诱发疾病等。③ 未将醉酒者安全护送，如饮酒者已失去或即将失去对自己的控制能力、神志不清、无法支配自身行为时，酒友没有将其送至医院或安全送回家中。④ 饮酒者酒后驾车且同行者未劝阻，导致发生车祸等损害的。

案例 1：唐某和公司另外 4 名员工住在员工宿舍中。一日傍晚，唐某酗酒，砸毁并破坏了宿舍内的墙壁、冰箱、桌椅、电视机等家具、家电。房东陈某计算后得出，唐某造成的墙壁、家具和家电损坏等经济损失共计达 8 800 元人民币。但由于无发票等依据，最终法院判处唐某赔偿损失 2 000 元。

案例 2：2020 年 1 月 21 日，陶某、姜某、远某与王某共四人共同饮酒，结束后，王某搀扶已经醉酒的姜某出店。姜某在店前的台阶上未能站稳，后仰倒下，致使王某因其倚靠而后退，摔倒后脑着地。王某摔倒后的 15 分钟内，其余三人无一人询问或检查王某的身体状态，直至有人拨打急救电话将王某送到医院。后经确认，王某死亡。最终法院判决姜某承担20%的责任，陶某承担5%的责任，王某自负75%的责任。

（二）酒后/无证驾驶

1. 为了庆祝小张生日，小李等一众好友驾车前往餐厅聚餐。因大家兴致高涨，小李便喝了些红酒。聚餐结束后，小李感觉已经醒酒，便自行驾车带好友返回学校，在返校途中被交警拦下。经检查，小李血液中酒精含量为85毫克/100毫升。

小鲤提问：小李酒后是否可以驾驶车辆？

小法回答：小李酒后不得驾驶车辆。酒后驾驶机动车属于违法行为，如达到醉驾标准，将构成**危险驾驶罪**。

法律规范：

（1）《刑法》第一百三十三条之一

【危险驾驶罪】在道路上驾驶机动车，有下列情形之一的，**处拘役，并处罚金：**

（一）追逐竞驶，情节恶劣的；

（二）**醉酒驾驶机动车**的；

……

有前两款行为，同时构成其他犯罪的，依照处罚较重的规定定罪处罚。

(2)《中华人民共和国道路交通安全法》(以下简称《道路交通安全法》)第九十一条

饮酒后驾驶机动车的,处暂扣六个月机动车驾驶证,并处一千元以上二千元以下罚款。因饮酒后驾驶机动车被处罚,再次饮酒后驾驶机动车的,处十日以下拘留,并处一千元以上二千元以下罚款,吊销机动车驾驶证。

醉酒驾驶机动车的,由公安机关交通管理部门约束至酒醒,吊销机动车驾驶证,**依法追究刑事责任**;五年内不得重新取得机动车驾驶证。

饮酒后驾驶营运机动车的,处十五日拘留,并处五千元罚款,吊销机动车驾驶证,五年内不得重新取得机动车驾驶证。

醉酒驾驶营运机动车的,由公安机关交通管理部门约束至酒醒,吊销机动车驾驶证,依法追究刑事责任;十年内不得重新取得机动车驾驶证,重新取得机动车驾驶证后,不得驾驶营运机动车。

饮酒后或者醉酒驾驶机动车**发生重大交通事故,构成犯罪**的,依法追究刑事责任,并由公安机关交通管理部门吊销机动车驾驶证,**终生不得重新取得机动车驾驶证**。

案例解读: 根据《刑法》和《道路交通安全法》的规定,在道路上驾驶机动车,血液酒精含量达 20 毫克/100 毫升以上的,属于酒后驾驶机动车,血液酒精含量达 80 毫克/100 毫升以上的,属于醉酒驾驶机动车。醉酒驾驶机动车，行为人即使没有造成财产损失和人员伤亡，也因触犯了《刑法》的危险驾驶罪而须承担相应的刑事责任。

小鲤提示： 2012 年 5 月 1 日，醉酒驾驶行为被列入《刑法》处罚范围。我国在公务员考录、事业单位招考、参军入伍等方面，都要进行政审工作，届时**被政审人及其近亲属一旦因为酒驾被判处拘役（已经触犯《刑法》），将对被政审人产生一定程度的影响**。

2. "五一"假期，小张的室友小王提议租车去往周边自驾游。小张想到自己已经通过科目三的考试，对自己的驾驶技术十分自信，遂开车带着小王去往周边游玩。

小鲤提问： 小张无证驾驶的行为可能面临怎样后果？

小法回答： 小张属于无证驾驶，应承担相应的行政责任。无证驾驶是很严重的交通违法行为，因行为人并未经过专业的培训和考核，缺乏必要的交通安全知识、基础驾驶技能和安全驾驶心理，遇突发情况很容易惊慌失措、手忙脚乱，从而引发交通事故。

法律规范：

《道路交通安全法》第九十九条

有下列行为之一的，由公安机关交通管理部门处二百元以上二千元以下罚款：

（一）**未取得机动车驾驶证**、机动车驾驶证被吊销或者机动车驾驶证被暂扣期间驾驶机动车的；

（二）将机动车交由未取得机动车驾驶证或者机动车驾驶证被吊销、暂扣的人驾驶的；

……

案例解读：《道路交通安全法》规定，无证驾驶者将被公安机关处以罚款，同时还可能被处以15日以下的行政拘留。无证驾驶不仅是对自己的不负责，还会对他人的生命安全构成极大的威胁。

案例：2021年2月22日下午，烟台高速交警在例行检查时，发现一辆小轿车停在路边，驾驶位男子与副驾驶位女子迅速交换了位置，执勤民警随即对其进行检查。该车一行三人都是在校大学生。刘某趁父母不注意，偷偷开走家中车辆载着两名同学到烟台玩耍。副驾驶位的女生虽然有驾驶证，但觉得高速公路上车速太快不敢开，而刘某认为自己学习了驾驶的理论知识，又开过卡丁车、拖拉机，对自己的驾驶技术比较自信。随后，执勤民警对刘某做出严厉批评教育，按照《道路交通安全法》相关规定，刘某将面临1 000元的罚款，可以并处15日以下行政拘留的处罚。

（三）高空抛物

大学生小红因和男朋友分手，心情郁闷沮丧，将男友曾经送给她的礼物，包括手链、笔记本、提包、玻璃水杯等物件从学校六楼宿舍的阳台抛下，以发泄心中郁结。小吴此时恰巧从楼下路过，险些被小红抛下的物件砸中。

小鲤提问： 小红高空抛物虽未伤人，其行为是否需要承担法律责任？

小法回答： 小红即使高空抛物的行为未造成他人损伤，但因形成了潜在的危险，也须承担相应的法律责任。高空抛物是极其危险的行为，那些能“杀人”的物品，看起来可能是“微不足道”的。如一个西红柿从 5 楼落下，可击碎 0.5 厘米厚的玻璃，一个鸡蛋、一块西瓜皮从不同高度坠落，可致人不同程度的伤亡。

法律规范：

（1）《民法典》第一千二百五十四条

禁止从建筑物中抛掷物品。从建筑物中抛掷物品或者从建筑物上坠落的物品造成他人损害的，由侵权人依法承担侵权责任；**经调查难以确定具体侵权人的，除能够证明自己不是侵权人的外，由可能加害的建筑物使用人给予补偿。**可能加害的建筑物使用人补偿后，有权向侵权人追偿。

物业服务企业等建筑物管理人应当采取必要的安全保障措施防止前款规定情形的发生；未采取必要的安全保障措施的，应当依法承担未履行安全保障义务的侵权责任。

发生本条第 款规定的情形的，公安等机关应当依法及时调查，查清责任人。

（2）《刑法》第二百九十一条之二

【高空抛物罪】从建筑物或者其他高空抛掷物品，情节严重的，处**一年以下有期徒刑**、**拘役**或者**管制**，并处或者单处**罚金**。

有前款行为，同时构成其他犯罪的，依照处罚较重的规定定罪处罚。

案例解读： 高空抛物是非常危险且不文明的行为。随着《民法典》和《中华人民共和国刑法修正案（十一）》的出台，**严禁高空抛物不再仅是一项倡导性规定，而正式成为法律层面的一项禁止性规定**。为了严厉打击高空抛物的行为，法律规定了相应的民事侵权责任与刑事责任，并且新增设了"高空抛物罪"。根据法律规定，**无论高空抛物是否造成财产损害和人身伤害，行为人均需要承担法律责任**，轻则赔偿损失，重则承担刑事责任，面临一年以下有期徒刑、拘役或管制的刑罚。如果行为人在高空抛物的同时构成其他犯罪，则依照处罚较重的规定定罪处罚。

同时，为了防止高空抛物伤人后找不到侵权人，《民法典》同时规定，经调查难以确定具体侵权人的，除能够证明自己不是侵权人的外，由可能加害的建筑物使用人给予补偿。可能加害的建筑物使用人补偿后，有权向侵权人追偿。

案例： 2021 年 4 月 24 日 19 时许，丁某在上海市杨浦区某小区室内将一袋包含银色铁片、碗盖、茶杯盖、纸盒、衣物等的垃圾从窗口扔出，垃圾掉落在途经楼下的被害人徐某的正前方。后丁某至公安机关投案，如实供述上述事实。最终法院判令丁某犯高空抛物罪，判处拘役三个月，缓刑三个月，罚金人民币 1 000 元。

（四）妨碍公务

小唐是某大学一名大三学生。国庆长假期间，小唐在与朋友回学校的路上购买了一些水果和一把长约 10 厘米的水果刀。小唐与朋友在乘坐地铁进站时，因水果刀不符合规定被安检人员拒绝进站。随后小唐与安检人员和民警发生冲突，并突然情绪失控，用脚踢踹民警，后被民警制服。

小鲤提问： 小唐用脚踢踹民警的行为，可能面临怎样的后果？

小法回答： 小唐在民警执法期间用脚踢踹民警，属于妨害公务的行为，涉嫌妨害公务犯罪，可能会被公安机关处以警告、罚款或者拘留，甚至可能受到 3 年以下有期徒刑、拘役、管制或者罚金的刑事处罚。

法律规范：

（1）《治安管理处罚法》第五十条

有下列行为之一的，处警告或者一百元以下罚款；情节严重的，处五日以上十日以下拘留，可以并处五百元以下罚款：

（一）拒不执行人民政府在紧急状态情况下依法发布的决定、命令的；

（二）阻碍国家机关工作人员依法执行职务的；

（三）阻碍执行紧急任务的消防车、救护车、工程抢险车、警车等车辆通行的；

（四）强行冲闯公安机关设置的警戒带、警戒区的。**阻碍人民警察依法执行职务的，从重处罚**。

（2）《刑法》第二百七十七条

【妨害公务罪】以暴力、威胁方法阻碍国家机关工作人员依法执行职务的，处三年以下有期徒刑、拘役、管制或者罚金。

以暴力、威胁方法阻碍全国人民代表大会和地方各级人民代表大会代表依法执行代表职务的，依照前款的规定处罚。

在自然灾害和突发事件中，以暴力、威胁方法阻碍红十字会工作人员依法履行职责的，依照第一款的规定处罚。

故意阻碍国家安全机关、公安机关依法执行国家安全工作任务，未使用暴力、威胁方法，造成严重后果的，依照第一款的规定处罚。

【袭警罪】暴力袭击正在依法执行职务的人民警察的，处三年以下有期徒刑、拘役或者管制；使用枪支、管制刀具，或者以驾驶机动车撞击等手段，严重危及其人身安全的，处三年以上七年以下有期徒刑。

案例解读： 国家机关工作人员依法执行公务是维护社会秩序的重要环节，相关人员应当积极配合。阻碍国家机关工作人员依法执行公务，不仅影响国家正常管理活动，影响社会公共秩序，也可能侵犯工作人员的人身权利，同时也是违法行为。

案例： 2024 年 9 月，李某某因穿拖鞋驾车害怕被处罚，在驾驶小型轿车经过公安检查点时，强行冲卡逃跑。当到达第二检查点时，他再次强行冲卡逃跑，造成一名辅警受伤。经鉴定，受伤辅警所受损伤程度属轻微伤。事后，李某某经民警电话通知后到公安局接受调查，如实供述了以上事实。法院审理认为，李某某以暴力方式阻碍国家机关工作人员依法执行职务，其行为已构成妨害公务罪，依法应受刑事处罚。鉴于被告人有自首情节，且认罪认罚，根据案件事实及庭审情况，当庭判处李某某有期徒刑九个月。

（五）违章用电

小刘是一名刚入学的大一学生，因觉得校区面积太大，校内交通不便，于是购买了一辆电动自行车用于校内出行。一日，小刘因为宿舍楼下充电插座已满，便私自将电动车电池带入楼内，在宿舍中充电，随后被宿舍管理工作人员在例行检查时发现。

小鲤提问： 小刘是否可以将电动车电池带入宿舍中进行

充电?

小法回答: 不可以。小刘将电动车电池带入宿舍充电是违法行为,严重影响宿舍楼消防安全,鉴于未造成严重后果,他将受到相应学校纪律处分,同时取消相关表彰、奖励及其他权益的申请资格。

法律规范:

(1)《高层民用建筑消防安全管理规定》第三十七条

禁止在高层民用建筑公共门厅、疏散走道、楼梯间、安全出口停放电动自行车或者为电动自行车充电。

鼓励在高层住宅小区内设置电动自行车集中存放和充电的场所。电动自行车存放、充电场所应当独立设置,并与高层民用建筑保持安全距离;确需设置在高层民用建筑内的,应当与该建筑的其他部分进行防火分隔。

电动自行车存放、充电场所应当配备必要的消防器材,充电设施应当具备充满自动断电功能。

(2)《中华人民共和国消防法》第六十四条

违反本法规定,有下列行为之一,尚不构成犯罪的,处十日以上十五日以下拘留,可以并处五百元以下罚款;情节较轻的,处警告或者五百元以下罚款:

(一)指使或者强令他人违反消防安全规定,冒险作业的;

（二）过失引起火灾的；

……

案例解读： 近年来，电动自行车电池火灾事故屡见不鲜，多地发生因电动自行车电池着火而导致的惨剧。为此，法律明确禁止在室内及公共区域停放电动自行车或为其充电。即便未造成火灾等严重后果，也是违法行为。如因电动自行车在建筑内充电引起火灾，行为人将受到相应治安管理处罚，甚至可能构成犯罪。

案例： 2010 年 10 月某日中午，吉林某大学一公寓发生火灾。当地消防指挥中心迅速出动消防车和消防队员赶往火灾现场。火势很快被扑灭，所幸没有造成人员伤亡。经调查，大四学生杨某当日上午在宿舍想用电热棒烧水，插上电源时因宿舍还未供电，又临近上课，于是将电热棒放在书桌上，但未拔下电源插头就仓促离开。当宿舍正常供电后，电热棒长时间发热引燃书桌，随即引发火灾。

随后，消防部门以在宿舍违反规定使用电热棒且不慎引发火灾为由，依法对大四学生杨某给予行政拘留处罚。

（六）违规饲养动物

小周因极其喜欢猫，在与室友协商后，不顾学校宿舍管理规定，在宿舍饲养宠物猫。一日，隔壁寝室小郑来串门，看到猫觉得很可爱，伸手想要抚摸，猫因害怕而用爪子将小郑挠伤。

小鲤提问： 小周可以在寝室饲养动物吗？小郑是否能要求小周赔偿医药费？

小法回答： 在寝室饲养宠物猫属于违反宿舍管理规定的行为，小周不得在寝室饲养动物，并且应当赔偿小郑的医药费等费用。学生公寓是同学们生活和学习的重要场所，由于学生宿舍内人员居住密度高、空气流通差，饲养宠物极容易滋生病菌，给同学们的健康和安全留下较大隐患。

法律规范：

《民法典》第一千二百四十五条

饲养的动物造成他人损害的，动物饲养人或者管理人应当承担侵权责任；但是，能够证明损害是因被侵权人故意或者重大过失造成的，可以不承担或者减轻责任。

案例解读： 宠物虽然可爱，但在学生宿舍等场所饲养，不仅容易滋生细菌、产生异味、影响作息，也可能伤人及损害寝室物品。在寝室饲养宠物，不仅违反学校宿舍管理的相关规定，在发生宠物伤人事件时，根据《民法典》，宠物的饲养人应当承担相应的侵权责任。

案例： 欧某在徒步经过公共人行道时，遇到高某饲养的一只棕色泰迪犬。该犬见欧某夫妻接近，遂向欧某方向靠近。欧某见泰迪犬靠近，惊慌地往其左侧避让并摔倒受伤。后经司法鉴定中心鉴定，欧某被综合评定为9级伤残。法院审理认为，高某对欧某构成侵权，应当承担全部赔偿责任，依法判决高某赔偿欧某医疗费、后续治疗费、伤残赔偿金等共计209 775.03元。

（七）打架斗殴

小田和小亮是大学同学，某日因宿舍公共洗衣机的使用问题发生口角，小田一怒之下朝着小亮的面部打了一拳，随后两人被过往的同学分开。小亮认为自己吃了亏，便伙同校外朋友将小田围在学校树丛中，小田见形势不对，遂邀集七八名同乡到树林中，双方大打出手。其间，小田用随身携带的水果刀将小亮捅伤。随后，小亮被送往医院抢救，住院治疗期间共支付医药费8 000余元，经鉴定小亮为轻伤等级。

小鲤提问： 小田与小亮因打架的行为可能承担什么责任？

小法回答： 小田和小亮均触犯了《治安管理处罚法》，并涉嫌聚众斗殴罪、故意伤害罪。

法律规范：

（1）《治安管理处罚法》第四十三条

殴打他人的，或者故意伤害他人身体的，处**五日以上十日以下拘留**，并处**二百元以上五百元以下罚款**；情节较轻的，处五日以下拘留或者五百元以下罚款。有下列情形之一的，处十日以上十五日以下拘留，并处五百元以上一千元以下罚款：

（一）**结伙殴打、伤害他人**的；

（二）殴打、伤害残疾人、孕妇、不满十四周岁的人或者六十周岁以上的人的；

（三）多次殴打、伤害他人或者一次殴打、伤害多人的。

(2)《刑法》第二百三十四条

【故意伤害罪】故意伤害他人身体的，处**三年以下有期徒刑、拘役**或者**管制**。

犯前款罪，致人重伤的，处三年以上十年以下有期徒刑；致人死亡或者以特别残忍手段致人重伤造成严重残疾的，处十年以上有期徒刑、无期徒刑或者死刑。本法另有规定的，依照规定。

(3)《刑法》第二百九十二条

【聚众斗殴罪；故意伤害罪；故意杀人罪】聚众斗殴的，对**首要分子和其他积极参加**的，处**三年以下有期徒刑、拘役**或者**管制**；有下列情形之一的，对首要分子和其他积极参加的，处三年以上十年以下有期徒刑：

（一）多次聚众斗殴的；

（二）聚众斗殴人数多，规模大，社会影响恶劣的；

（三）在公共场所或者交通要道聚众斗殴，造成社会秩序严重混乱的；

（四）**持械聚众斗殴**的。

聚众斗殴，致人重伤、死亡的，依照本法第二百三十四条、第二百三十二条的规定定罪处罚。

案例解读： 打架斗殴明显属于违法行为。如果打架斗殴的情节轻微，没有造成严重后果，一般适用《治安管理处罚法》，由公安机关对相关人员予以治安处罚；如果情节严重，造成严重后果，则将由法院依据《刑法》对相关人员判处刑罚。

故意伤害罪是指使用暴力等方法，故意非法损害他人身体健康。聚众斗殴罪是指基于争霸、报复等藐视社会秩序的动机，组织、策划、指挥或者积极参与聚众斗殴的行为，《刑法》仅处罚首要分子和积极参与者，若聚众斗殴致人重伤、死亡的，当事者可被认定为故意伤害罪或故意杀人罪。

本事例中，小田和小亮因生活中的小事引发矛盾，最终演变为伙同朋友打架斗殴，致使小亮被刺成轻伤，该行为已经触犯了《刑法》，涉嫌故意伤害罪。同学矛盾可以通过多种方式加以解决，同学们可以及时向学校报告或寻求他人帮助。在面对冲突时，大学生要学会保持理性，以免造成不可挽回的后果。

案例： 郑某曾被他人殴打，他认为是李某所为，于是产生报复心理。2019 年 3 月某日，郑某通过微信与李某约架，并通过微信、电话等方式纠集魏某、潘某、谭某、何某及吴某帮忙打架。李某则通过微信、电话等方式纠集邓某、曾某、刘某、龙某等人帮忙打架。在打架过程中，李某一方持刀追砍，致使郑某等四人受伤，吴某死亡。广东省东莞市中级人民法院审理认为，李某、邓某、曾某等人聚众斗殴，致一人死亡，其行为均已构成故意伤害罪，李某、邓某是主犯，曾某是从犯，除应当承担刑事责任外，还应承担民事赔偿责任。鉴于郑某一方对本案的发生存在一定过错，自行承担10％的民事责任。

（八）寻衅滋事

李某为某高校的大三学生，某日酒后来到好友孙某宿舍，正逢孙某与宿舍内其他室友产生口角。李某想帮好友出头，于是就借酒撒气，临时起意，与孙某一同对该宿舍内其他室友进行殴打，致一人轻伤二级、两人轻微伤。

小鲤提问：李某与孙某的行为应承担何种法律责任？

小法回答：李某与孙某涉嫌构成寻衅滋事罪，应当承担相应的刑事责任。

法律规范：

（1）《刑法》第二百九十三条

【寻衅滋事罪】有下列寻衅滋事行为之一，破坏社会秩序的，处**五年以下有期徒刑**、**拘役**或者**管制**：

（一）**随意殴打他人，情节恶劣**的；

（二）追逐、拦截、辱骂、恐吓他人，情节恶劣的；

（三）强拿硬要或者任意损毁、占用公私财物，情节严重的；

（四）在公共场所起哄闹事，造成公共场所秩序严重混乱的。

纠集他人多次实施前款行为，严重破坏社会秩序的，处五年以上十年以下有期徒刑，可以并处罚金。

(2)《关于办理寻衅滋事刑事案件适用法律若干问题的解释》第一条

行为人**为寻求刺激、发泄情绪、逞强耍横等，无事生非**，实施刑法第二百九十三条规定的行为的，应当认定为“寻衅滋事”。

行为人因日常生活中的偶发矛盾纠纷，借故生非，实施刑法第二百九十三条规定的行为的，应当认定为“寻衅滋事”，但矛盾系由被害人故意引发或者被害人对矛盾激化负有主要责任的除外。

行为人因婚恋、家庭、邻里、债务等纠纷，实施殴打、辱骂、恐吓他人或者损毁、占用他人财物等行为的，一般不认定为“寻衅滋事”，但经有关部门批评制止或者处理处罚后，继续实施前列行为，破坏社会秩序的除外。

(3)《关于办理寻衅滋事刑事案件适用法律若干问题的解释》第二条

随意殴打他人，破坏社会秩序，具有下列情形之一的，应当认定为刑法第二百九十三条第一款第一项规定的“**情节恶劣**”：

（一）**致一人以上轻伤**或者**二人以上轻微伤**的；

（二）引起他人精神失常、自杀等严重后果的；

（三）多次随意殴打他人的；

（四）持凶器随意殴打他人的；

（五）随意殴打精神病人、残疾人、流浪乞讨人员、老年人、孕妇、未成年人，造成恶劣社会影响的；

（六）在公共场所随意殴打他人，造成公共场所秩序严重混乱的；

（七）其他情节恶劣的情形。

案例解读： 寻衅滋事是指行为人为寻求刺激、发泄情绪、逞强耍横等无事生非，或因日常琐事借故生非。对于情节轻微、危害不大的寻衅滋事行为，以一般违法行为依照《治安管理处罚法》处罚。而行为情节恶劣、情节严重或者造成公共场所秩序严重混乱，构成犯罪的，依照《刑法》处罚。判断行为人的行为是否属于情节严重，结合行为方式、行为后果、时间地点与行为人的一贯表现等几个因素进行综合分析。本事例中，李某与孙某共同对室友进行殴打，致一人轻伤二级、两人轻微伤，达到“情节恶劣”标准，构成寻衅滋事罪，应当依照《刑法》第二百九十三条第一款，处五年以下有期徒刑、拘役或者管制。

案例 1： 2017 年某日 20 时，洪某在组织学院活动时，见张某、吴某、李某三人中途离场，心有不满，便拦住三人，不许他们离开，双方遂发生冲突。洪某认为对方不尊重自己，便纠集徐某对被害人张某等三人实施殴打，造成张某、吴某、李某等人不同程度受伤。经法医鉴定，张某和吴某的伤情为轻微伤。

法院审理认为，被告人洪某纠集被告人徐某随意殴打他人并致二人轻微伤，情节恶劣，其行为均已构成寻衅滋事罪。二被告人归案后如实供述其犯罪事实，当庭自愿认罪，具有坦白情节，依法从轻处罚。鉴于二被告人的行为均已取得被害人的谅解，且均系在校学生，酌情从轻处罚。被告人洪某系本案的纠集者，酌情从重处罚，故判处纠集者洪某有期徒刑六个月，判处被告人徐某拘役五个月。

案例 2： 朱某等五人均系北京某学校学生。2017 年 2 月，朱某等五人在宿舍楼内，采用辱骂、殴打等方式侮辱同学高某某，并无故殴打、辱骂同学张某某。经鉴定，二人的伤情构成轻微伤，朱某等五人的行为还造成高某某无法正常生活、学习的严重后果。

法院经审理认为，朱某等人随意殴打和辱骂他人，造成二人轻微伤，严重影响他人生活，侵犯公民人身权利，破坏社会秩序，构成寻衅滋事罪，且系共同犯罪。最终法院以寻衅滋事罪依法分别判处五人十一个月至一年不等的有期徒刑。

（九）网络赌博

大学生小陈今年刚满21岁，平时喜欢打游戏，并在网络上结识了很多朋友。某天他无意中被拉进了一个游戏聊天群，后来才知道这个所谓的游戏竟然是网络赌博。但在尝试几次后，小陈赚了不少钱，之后也跟着群里的"老师"一起赌博，每天可以赚几千元。就这样，尝到甜头后的小陈一发不可收，最终陷入了深渊。

小鲤提问： 小陈的行为是否违法，将面临什么后果？

小法回答： 按照我国法律规定，网络赌博属于违法行为，行为人可能受到罚款、行政拘留等相应的行政处罚，具体处罚以及是否构成犯罪则根据具体情节严重程度进行判断。

法律规范：

（1）《治安管理处罚法》第七十条

以营利为目的，为赌博提供条件的，或者**参与赌博赌资较大的**，处**五日以下拘留**或者**五百元以下罚款**；情节严重的，处十日以上十五日以下拘留，并处五百元以上三千元以下罚款。

（2）《刑法》第三百零三条

【赌博罪；开设赌场罪、组织参与国（境）外赌博罪】以营利为目的，聚众赌博或者以赌博为业的，处**三年以下有期徒刑**、**拘役**或者**管制**，并处**罚金**。

开设赌场的，处五年以下有期徒刑、拘役或者管制，并处罚金；情节严重的，处五年以上十年以下有期徒刑，并处罚金。

组织中华人民共和国公民参与国（境）外赌博，数额巨大或者有其他严重情节的，依照前款的规定处罚。

案例解读： 我国法律严格禁止赌博行为。赌博行为会对社会稳定造成不利影响，鼓动他人参与网络赌博实质上就是新型开设赌场的行为。在实践中，一般的赌博行为需要追究相关行政责任，可以对当事人处以拘留并罚款，具体的处罚将根据实际情况而定；而如果是聚众赌博或者以赌博为业，则涉嫌触犯《刑法》，可能受到刑事处罚。本事例中，大学生小陈参与赌博，可能被处以拘留或罚款。

小鲤提示： 任何时候都应当牢记“远离赌博，拒绝恶习”。大学生在经济上并不独立，缺少足够的资金，甚至有些同学在输钱之后，连基本生活都无法保证。现实的窘迫会令他们铤而走险，为筹集赌资不惜偷盗、抢劫，以身试法。因此，每个大学生都应当养成遵纪守法的好习惯，积极参加学校组织的健康向上的文体活动，丰富自己的课余文化生活。

案例： 2018年2月，江某通过邓某的介绍接触了某赌博网站，并在邓某的推荐下成为该赌博网站会员，通过登录该网站进行投注赌博。为了获取赌博网站分成，江某通过注册小号以及发展直推下线张某、徐某、林某等十几人成为会员的方式逐渐发展成为该赌博网站的四星代理。截至 2018 年 6 月,江某本人及其直推下线会员在该赌博网站上参与赌博的下注金额共计 19 056 121 元,其中其直推下线会员的下注金额共计 9 980 366 元。

法院经审理认为,被告人以营利为目的,为赌博网站担任代理并接受投注,其中被告人江某赌资金额累计 9 980 366 元,其行为已构成开设赌场罪;本案各被告人赌资数额累计均已超过 30 万元,均属于情节严重的开设赌场行为。鉴于被告人江某在共同犯罪中是从犯,依法应从轻或减轻处罚。故法院依法判决被告人江某犯开设赌场罪,判处有期徒刑三年,并处罚金人民币 3 万元。

(十) 违禁品相关

大学生小李有一天伙同朋友在学校附近的酒吧玩乐,朋友掏出一盒烟递给小李。当时,小李并不知道这是新型毒品,于是毫无戒备地拿出一根烟吸了起来,吸完后十分兴奋。随着兴奋感觉逐渐减弱,小李的精神出现恍惚的情况,几日后更加萎靡。一次、两次、三次……小李渐渐发现情况不对,但已经深陷泥潭。

小鲤提问: 小李是否触犯了法律?他的朋友应该受到何种处罚?小李该如何自救?

小法回答: 小李受骗吸食毒品违反了《治安管理处罚法》以

及《中华人民共和国禁毒法》（以下简称《禁毒法》），其朋友违反了《刑法》，涉嫌欺骗他人吸食毒品，可能受到刑事处罚。

小李陷入毒品泥潭后，应积极寻求周围人和社会的帮助，主动到公安机关登记或者到有资质的医疗机构接受戒毒治疗，而不是任由自己沉沦。

法律规范：

（1）《治安管理处罚法》第七十二条

有下列行为之一的，处**十日以上十五日以下拘留**，可以并处**二千元以下罚款**；情节较轻的，处五日以下拘留或者五百元以下罚款：

（一）非法持有鸦片不满二百克、海洛因或者甲基苯丙胺不满十克或者其他少量毒品的；

（二）向他人提供毒品的；

（三）**吸食、注射毒品**的；

（四）胁迫、欺骗医务人员开具麻醉药品、精神药品的。

（2）《禁毒法》第六十二条

吸食、注射毒品的，依法给予治安管理处罚。吸毒人员主动到公安机关登记或者到有资质的医疗机构接受戒毒治疗的，不予处罚。

（3）《禁毒法》第三十八条

吸毒成瘾人员有下列情形之一的，由**县级以上人民政府公安**

机关作出强制隔离戒毒的决定：

（一）拒绝接受社区戒毒的；

（二）在社区戒毒期间吸食、注射毒品的；

（三）严重违反社区戒毒协议的；

（四）经社区戒毒、强制隔离戒毒后再次吸食、注射毒品的。对于吸毒成瘾严重，通过社区戒毒难以戒除毒瘾的人员，公安机关可以直接作出强制隔离戒毒的决定。

吸毒成瘾人员自愿接受强制隔离戒毒的，经公安机关同意，可以进入强制隔离戒毒场所戒毒。

(4)《刑法》第三百五十三条

【引诱、教唆、欺骗他人吸毒罪；强迫他人吸毒罪】引诱、教唆、欺骗他人吸食、注射毒品的，处**三年以下有期徒刑、拘役**或者**管制**，并处**罚金**；情节严重的，处三年以上七年以下有期徒刑，并处罚金。

强迫他人吸食、注射毒品的，处三年以上十年以下有期徒刑，并处罚金。

引诱、教唆、欺骗或者强迫未成年人吸食、注射毒品的，从重处罚。

(5)《刑法》第三百五十四条

【容留他人吸毒罪】容留他人吸食、注射毒品的，处三年以下有期徒刑、拘役或者管制，并处罚金。

案例解读： 小李吸食毒品的行为已经触犯了《治安管理处罚法》和《禁毒法》，一旦吸食、注射毒品，按照法律规定应接受治安管理处罚。主动到公安机关登记或者到有资质的医疗机构接受戒毒治疗的，不予处罚。

小李的朋友涉嫌欺骗他人吸毒罪。欺骗吸毒是指用隐瞒真相或制造假象的方法使他人吸食、注射毒品的行为。小李的朋友将毒品伪造成香烟，致使小李毫无戒备地吸食，最终成瘾，已经触犯《刑法》。

小鲤提示： 大学生吸毒的新闻尤其令人痛心。近年来，新型毒品层出不穷，明星"涉毒"的案例也屡见不鲜，甚至可能有一种错误思维认为"新型毒品危害性不大"。对此，大学生应当提高警惕，远离人员混杂的场所，珍爱生命，远离毒品！

案例 1： 黄某某为上海一名在校大学生，原计划毕业后全心投入自己的音乐爱好中。2023 年 3 月，他租了一套房屋作为音乐工作室。基于对音乐的共同爱好，他时常邀请朋友们在这里相聚。一段时间之后，由于创作灵感匮乏，他迟迟写不出令人满意的作品，便开始另觅他方刺激自己。一天深夜，他和高某某、罗某某在工作室录歌，不久他便拿出大麻与朋友们"分享"。轮流吸食之后，三人便一直兴奋到凌晨四点才散去。这次体验之后，他们又连续在 9 月 5 日、9 月 10 日于工作室内吸食大麻，直至被警察查获。随后，三人因吸毒行为受到行政处罚，黄某某因涉嫌容留他人吸毒罪被刑事拘留。

上海金山区检察院认为，黄某某多次容留他人吸食毒品，其行为已触犯我国《刑法》，随即以涉嫌容留他人吸毒罪对黄某某批准逮捕。

案例 2：孙某是一名大二学生。2023 年，孙某在与同学出入娱乐场所时，结识了长期吸食“上头电子烟”的刘某某。2024 年 1 月，刘某某请求孙某帮忙“找货”，孙某便开始贩卖含有依托咪酯成分的电子烟。他以 600 元/只的价格购买，再以 800 元/只的价格转手倒卖给刘某某，从中获利。

2024 年 2 月，孙某被以贩卖毒品罪抓获并提起公诉。法院最终判处孙某有期徒刑三年，并处罚金 15 000 元。

三、学业与职业成长：逐梦学业进阶的通幽径

（一）考试作弊

在研究生入学考试中，张三报名了某机构承诺通过考试的培训服务，所谓“服务”实际上是该机构安排“枪手”替考、组织作弊活动。该机构与考生签订协议收取费用后，一方面要求考生将自己的身份证、准考证原件等材料送至公司，另一方面以支付酬劳的方式雇用多名大学生做“枪手”，让“枪手”按照性别、容貌的相似度等条件与考生一一匹配，并持考生信息资料代考。

小鲤提问：张三需要承担法律责任吗？“枪手”和该中介机构分别需要承担何种法律责任？

小法回答：张三和“枪手”的行为均涉嫌构成代替考试罪，培训机构的行为涉嫌构成组织考试作弊罪。

法律规范：

（1）《刑法》第二百八十四条之一

【组织考试作弊罪；非法出售、提供试题、答案罪；代替考试罪】

在法律规定的国家考试中，**组织作弊**的，处**三年以下有期徒刑或者拘役**，并处或者单处**罚金**；情节严重的，处三年以上七年以下有期徒刑，并处罚金。

为他人实施前款犯罪**提供作弊器材或者其他帮助**的，依照前款的规定处罚。

为实施考试作弊行为，**向他人非法出售或者提供第一款规定的考试的试题、答案**的，依照第一款的规定处罚。

代替他人或者让他人代替自己参加第一款规定的考试的，处**拘役或者管制**，并处或者单处**罚金**。

(2)《关于办理组织考试作弊等刑事案件适用法律若干问题的解释》第十一条

设立用于实施考试作弊的网站、通讯群组或者发布有关考试作弊的信息，情节严重的，应当依照刑法第二百八十七条之一的规定，以**非法利用信息网络罪**定罪处罚；同时构成组织考试作弊罪、非法出售、提供试题、答案罪、非法获取国家秘密罪等其他犯罪的，依照处罚较重的规定定罪处罚。

案例解读： 针对在国家考试中替考的作弊情形，代替者和被代替者都构成代替考试罪。

除《刑法》对代替考试、组织作弊等犯罪行为的规制外，学生的作弊行为同样受到高等学校依法制定的校纪校规管理。《普通高等学校学生管理规定》第十八条第二款规定：学生严重违反考核纪律或者作弊的，该课程考核成绩记为无效，并应视其违纪或者作弊情节，给予相应的纪律处分。给予警告、严重警告、记过及留校察看处分的，经教育表现较好，可以对该课程给予补考或者重修机会。

在我校的课程考核中，相关作弊行为将按照《**华东理工大学学生考核违规处理办法**》严肃处理，违纪作弊的处分程序、处分期限、处分解除等，按照《华东理工大学学生违纪处分规定》执行。同学们应当严守考场纪律，诚信应考；面对考试不能抱有侥幸心理，切勿触碰考试作弊的红线。

案例 1：2019 年 12 月 21 日，在全国硕士研究生招生考试过程中，张某某在考场外通过信号接收器、微型耳机等作弊器材向正在参加考试的刘某某传递考试答案。张某某从中获利人民币 13 500 元，构成组织考试作弊罪。法院判决张某某有期徒刑 3 年 5 个月，并处罚金人民币 20 000 元整。

案例 2：2015 年 10 月，虎某通过他人联系侯某，让其代替自己参加 2016 年全国硕士研究生招生考试。2015 年 12 月 26 日上午，侯某在代替虎某参加上述考试中的管理类联考综合能力科目时，被监考人员当场发现。虎某主动向公安机关投案，并如实供述犯罪事实。法院综合考虑案件的具体情况，以代替考试罪判处侯某拘役一个月，罚金人民币 10 000 元，判处虎某拘役一个月，罚金人民币 8 000 元。

（二）论文抄袭/剽窃

李四是某大学的一名硕士研究生，其硕士学位论文经答辩委员会合议，认为其论文存在全文超过 70%的抄袭内容，系抄袭蔡某在校完成的博士毕业论文。其行为严重违反学生最基本的学术规范要求，影响极其恶劣，学校决定取消其答辩资格和申请硕士学位的资格。李四不服该决定，向法院提起行政诉讼，认为不能因毕业论文存在抄袭问题而直接取消其学位申请资格。此外，李四在某期刊上发表了该篇文章，蔡某发现后提起诉讼，要求李四承担侵权责任。

小鲤提问： 1. 学校是否有权因学位论文抄袭而取消李四的学位申请资格？2. 蔡某提起诉讼的法律依据是什么？李四可能面临怎样的法律责任？

小法回答： 1. 课程考试合格和论文答辩成绩合格，均属于获得硕士学位的必要条件。学位论文出现作假情形的，学校作为学位授予单位有权取消其学位申请资格。

2. 蔡某作为论文作者依法享有著作权。李四未经许可，使用他人文章中的相关内容，其行为构成侵权，应依法承担侵权责任。

法律规范：

(1)《学位论文作假行为处理办法》第七条

学位申请人员的学位论文出现**购买、由他人代写、剽窃或者伪造数据等作假情形**的，学位授予单位可以**取消其学位申请资格**；已经获得学位的，学位授予单位可以依法**撤销其学位**，并注销学位证书。取消学位申请资格或者撤销学位的处理决定应当向社会公布。从做出处理决定之日起至少3年内，各学位授予单位不得再接受其学位申请。

前款规定的学位申请人员为在读学生的，其所在学校或者学位授予单位可以给予**开除学籍处分**；为在职人员的，学位授予单位除给予纪律处分外，还应当通报其所在单位。

(2)《中华人民共和国学位法》(以下简称《学位法》)第三十七条

学位申请人、学位获得者在攻读该学位过程中有下列情形之一的，经学位评定委员会决议，学位授予单位不授予学位或者撤销学位：

(一) 学位论文或者实践成果被认定为存在代写、剽窃、伪造等学术不端行为；

(二) 盗用、冒用他人身份，顶替他人取得的入学资格，或者以其他非法手段取得入学资格、毕业证书；

（三）攻读期间存在依法不应当授予学位的其他严重违法行为。

(3)《中华人民共和国著作权法》(以下简称《著作权法》)第五十二条

有下列侵权行为的，应当根据情况，承担**停止侵害、消除影响、赔礼道歉、赔偿损失等民事责任**：

（一）未经著作权人许可，发表其作品的；

……

（五）剽窃他人作品的；

……

案例解读：1. **学位论文抄袭**。依据《学位法》《中华人民共和国高等教育法》，教育部制定了《**学位论文作假行为处理办法**》，严肃处理学位论文作假行为，以进一步规范学位论文管理，推进建立良好学风，提高我国人才培养质量。《学位论文作假行为处理办法》的适用范围包括向学位授予单位申请博士、硕士、学士学位所提交的博士学位论文、硕士学位论文和本科学生毕业论文（包括毕业设计或其他毕业实践环节）（统称为学位论文）。其中学位论文作假行为包括下列情形：（一）购买、出售学位论文或者组织学位论文买卖的；（二）由他人代写、为他人代写学位论文或者组织学位论文代写的；（三）剽窃他人作品和学术成果的；（四）伪造数据的；（五）有其他严重学位论文作假行为的。学位申请人员应当恪守学术道德和学术规范，在导师指导下独立完成学位论文。

2. **论文抄袭涉及的民事侵权责任**。论文属于文字作品类型，依据《**著作权法**》的规定，论文作者对其创作的论文享有完整的著作权，包括发表权、署名权、修改权、保护作品完整权以及依法获得报酬的权利等。论文抄袭属于《著作权法》规定的作品剽窃行为，在未经原论文作者授权的情况下，摘抄、复制原论文具有独创性的文字内容或表达形式，侵害了原作者合法的著作权利。根据我国《著作权法》第五十二条，剽窃他人作品的应承担停止侵害、消除影响、赔礼道歉、赔偿损失等民事责任。此外，抄袭原作者作品数量大、影响广，并使侵权者因此获得较大名誉的，原作者可依法主张精神损害赔偿。

论文抄袭、剽窃在法律法规层面都有着相对明确的判定标准。论文抄袭、剽窃涉及行政责任、民事责任等多种法律责任。因此，论文抄袭、剽窃的潜在法律风险极高，一经发现，除学术操守被质疑、否定外，相关法律后果也可能成为当事人学习与职业生涯的不能承受之重。

案例1：2019年1月，翟某通过社交媒体展示其博士后录取通知书。随后，网友发现公开检索到的翟某一篇论文涉嫌抄袭。该论文全文2 000余字，有近60%的内容与他人公开发表的论文雷同，随后翟某受到被抄袭论文作者的谴责。随后，该论文被从知网撤下，翟某的录取学校与毕业学校对其展开调查。2 月 16 日，翟某的录取高校发布调查说明，指出在翟某的材料审核、面试和录用过程中，相关导师和学院存在学术把关不严、实质性审核不足等问题，并确认翟某存在学术不端行为。最终学校对其作出博士后退站处理，并对其合作导师作出停止招募博士后的处理，责成学院作出深刻检查。2 月 19 日，翟某的毕业高校发布涉嫌学术造假事件调查结果，认定其论文使用其他专家观点，但未进行注释说明，存在学术不端的状况，宣布撤销翟某博士学位，并撤销其导师的博导资格。

案例 2：2021 年 11 月 1 日，北京某大学副教授张某在认证微博发文称，其指导的研究生的论文被某校研究生陈某 100%全文抄袭。经过 3 个月的审查，陈某的抄袭行为得到该校学位评定会认定，该校做出撤销陈某硕士学位、取消其导师的硕士生导师资格的决定。

案例 3：2022 年 5 月 30 日，西安某大学发布情况通报，通报称雷某某、卢某某两名学生在做毕业设计过程中通过网络平台购买代码，并通过购买的代码完成论文的部分实验结果。经认定，雷某某、卢某某存在学术不端行为。依据相关规定，学校给予雷某某、卢某某两名学生留校察看一年的处分，在此期间不得申请学位；取消卢某某研究生推免资格。同时，学校将以此为鉴，进一步加强学术规范教育和培养过程管理，严肃处理学术不端行为。

（三）材料造假

小李是一名普通高校的“00后”毕业生，为了获得更高的薪资和更好的就业机会，小李在求职时伪造了学校成绩单，并修改了学位证书信息。在面试过程中，企业质疑其学术背景，进一步核查后发现其提供的文件存在伪造情况。企业随即报警，并对其行为提起民事诉讼。

小鲤提问： 小李伪造成绩单、修改学位证书信息用于求职的行为，可能承担怎样的责任？

小法回答： 小李伪造相关文件及信息，涉嫌伪造国家公文罪，如果因此获得非法利益，也可能涉嫌合同诈骗罪。最终经过法院审理，小李的行为已触犯《刑法》，被认定为伪造国家公文罪，法院对其签发拘捕令。

法律规范：

（1）《刑法》第二百八十条

【伪造、变造、买卖国家机关公文、证件、印章罪；盗窃、抢夺、毁灭国家机关公文、证件、印章罪；伪造公司、企业、事业单位、人民团体印章罪；伪造、变造、买卖身份证件罪】伪造、变造、买卖或者盗窃、抢夺、毁灭国家机关的公文、证件、印章的，处三年以下有期徒刑、拘役、管制或者剥夺政治权利，并处罚金；情节严重的，处三年以上十年以下有期徒刑，并处罚金。

伪造公司、企业、事业单位、人民团体的印章的，**处三年以下有期徒刑、拘役、管制**或者**剥夺政治权利**，并处**罚金**。

伪造、变造、买卖居民身份证、护照、社会保障卡、驾驶证等依法可以用于证明身份的证件的，处三年以下有期徒刑、拘役、管制或者剥夺政治权利，并处罚金；情节严重的，处三年以上七年以下有期徒刑，并处罚金。

(2)《刑法》第二百二十四条

【合同诈骗罪】有下列情形之一，以非法占有为目的，在签订、履行合同过程中，骗取对方当事人财物，数额较大的，处三年以下有期徒刑或者拘役，并处或者单处罚金；数额巨大或者有其他严重情节的，处三年以上十年以下有期徒刑，并处罚金；数额特别巨大或者有其他特别严重情节的，处十年以上有期徒刑或者无期徒刑，并处罚金或者没收财产：

（一）以虚构的单位或者冒用他人名义签订合同的；

（二）以伪造、变造、作废的票据或者其他虚假的产权证明作担保的；

（三）没有实际履行能力，以先履行小额合同或者部分履行合同的方法，诱骗对方当事人继续签订和履行合同的；

（四）收受对方当事人给付的货物、货款、预付款或者担保财产后逃匿的；

（五）以其他方法骗取对方当事人财物的。

案例解读： 伪造大学成绩单及学历证书用于求职，表面上看是一件小事，也没有造成严重后果。但需要明确的是，该行为严重侵害了其他正常求职者的权益，不仅是道德问题，更是一种违法行为。大学生应当牢记诚实信用是立身之本，伪造信息即便在短期内能够带来利益，但若因不诚信受到刑事处罚，将对今后的人生发展产生长久的影响。

案例 1： 2023 年 5 月，湖北某高校大四学生小侯，利用修图软件将他人研究生录取通知书中的姓名更换为自己的，然后利用该虚假证明材料向学校申请奖学金和荣誉，随后被举报。与此同时，小侯的其他奖项也被爆出有造假嫌疑。学校随后对其作出“严重警告、全院通报、取消评优”的处理意见。

案例 2： 吕某为一名大学毕业生。2022 年 2 月至 2023 年 6 月，其因涉嫌以虚假成绩单申请香港中文大学研究生入学资格，被当地法院指控使用虚假文书罪。2024 年 11 月，法院开庭审理，准许吕某以 10 000 元及人事担保等待进一步审讯。2024 年 12 月 16 日再审时，因吕某未如期出庭，于是法院对其发出拘捕令。

（四）评审贿赂

小张是一名大三学生，一直想争取保研。他听说获得国家级奖项能在保研时加分，便与同学一起参加全国某知名大学生创新创业大赛。看到身边的参赛小组有的已申请专利，有的已与公司签约，小张十分担忧。后小张听说本校的张教授是评委之一，于是小张先后向张教授转账六万余元。成绩公布后，小张如愿评上了特等奖，但随即被人举报。

小鲤提问：小张将会受到怎样的处罚？是否会构成刑事犯罪？

小法回答：小张所获荣誉被取消，受学校相应处分。同时，其行为涉嫌构成向非国家工作人员行贿罪，可能面临承担刑事责任。

法律规范：

（1）《刑法》第一百六十四条

【对非国家工作人员行贿罪；对外国公职人员、国际公共组织官员行贿罪】为谋取不正当利益，给予公司、企业或者其他单位的工作人员以财物，数额较大的，处**三年以下有期徒刑或者拘役**，并处**罚金**；数额巨大的，处三年以上十年以下有期徒刑，并处罚金。

为谋取不正当商业利益，给予外国公职人员或者国际公共组织官员以财物的，依照前款的规定处罚。

单位犯前两款罪的，对单位判处罚金，并对其直接负责的主管人员和其他直接责任人员，依照第一款的规定处罚。

行贿人在被追诉前主动交代行贿行为的，可以减轻处罚或者免除处罚。

(2)《关于办理贪污贿赂刑事案件适用法律若干问题的解释》第十一条第三款

刑法第一百六十四条第一款规定的对非国家工作人员行贿罪中的“数额较大”“数额巨大”的数额起点，按照本解释第七条、第八条第一款**关于行贿罪的数额标准规定的二倍执行**。

(3)《关于办理贪污贿赂刑事案件适用法律若干问题的解释》第七条第一款

为谋取不正当利益，向国家工作人员行贿，数额在三万元以上的，应当依照刑法第三百九十条的规定以行贿罪追究刑事责任。

(4)《普通高等学校学生管理规定》第二十条

学校应当开展学生诚信教育，以适当方式记录学生学业、学术、品行等方面的诚信信息，建立对失信行为的约束和惩戒机制；对有严重失信行为的，可以规定给予相应的纪律处分，对违背学术诚信的，可以对其获得学位及学术称号、荣誉等作出限制。

案例解读： 根据《普通高等学校学生管理规定》，学校可以对有严重失信行为的学生给予相应的纪律处分，对违背学术诚信的，可以对其获得学位及学术称号、荣誉等作出限制。小张在重大评审中向评委行贿 60 000 余元，属于严重违背学术诚信的行为。比赛主办方应取消其成绩，学校可以根据学生手册对其获得的学术称号、荣誉等作出限制。同时根据《刑法》的规定，小张行贿的数额已经达到《刑法》司法解释中“向非国家工作人员行贿罪”中“数额较大”的标准，将承担相应刑事责任。

案例： 25 岁的大学生陈某，2006 年 9 月由湖北武汉到香港某大学数学系就读，其数学系课程将于同年 12 月 16 日举行期终考。12 月 6 日，该系副教授戴某于学校的邮箱发现一个信封，内有 10 000 元港币现金，同日又收到一封匿名电子邮件，对方声称是选修该课程的学生，也是将现金放入邮箱的人。5 日后，戴老师再次收到两封电子邮件，催促他发送试题及答案。戴老师在数学系系主任的陪同下向香港廉政公署报案。随后，陈某被香港廉政公署工作人员拘捕，后被法院判处入狱 6 个月。

（五）违反实验室管理

1. 大学生小吴在实验后未按要求将含有汞的废液倒入废液缸，反而私自将废液带出实验室。在回寝室的路上，小吴随手将废液倒入路边的花坛中，造成部分植物枯萎。

小鲤提问： 小吴是否可以这样做？

小法回答： 不可以。小吴将含有重金属的实验废液倾倒在实验室外，并造成了一定污染，严重违反实验室管理规定，需要向学校承担侵权责任，赔偿重新种植植物及修复土壤的相关费用。

法律规范：

《民法典》第一千二百二十九条

因污染环境、破坏生态造成他人损害的，侵权人应当承担侵权责任。

案例解读：《民法典》规定，环境污染责任是指**因工业活动或者其他人为原因，导致自然环境遭受污染或者破坏，从而造成他人人身、财产权益或者公共环境、其他财产遭受损害**，或者**有造成损害的危险**时，侵权人所应当承担的侵权损害赔偿责任。小吴在公共场所倾倒有害的实验残渣，造成植物出现枯死、生长迟缓等症状，并且破坏了土地的自然生产功能，应当承担侵权责任，向学校赔偿。

需要注意的是，环境污染责任是一种特殊的侵权责任，它采用的是**无过错责任原则**。也就是说，无论小吴主观上是否存在过错，只要造成了环境污染，就需要承担侵权责任。

2. 小张与同学一起上实验课，是小组组长。课上，老师讲解了实验步骤以及各注意要点，并叮嘱了实验的危险性。随后，小张、小李和小吴穿戴齐全，进行氧化石墨烯制备实验。实验过程中，小李发现此时的温度高于之前老师所讲的实验正常温度，于是提议暂停实验寻找问题所在，但小张却不以为意，经小李、小吴多次劝阻后仍一意孤行。随后，小张在向盛有 750 毫升浓硫酸的锥形瓶中加入高锰酸钾时发生了爆炸，造成自己重伤，小李、小吴死亡。

小鲤提问：此次事故应当由谁承担责任？

小法回答：由小张与实验室相关人员承担侵权责任，若经判决构成重大责任事故罪的，还应承担刑事责任。

法律规范：

(1)《民法典》第一千二百三十九条

占有或者使用易燃、易爆、剧毒、高放射性、强腐蚀性、高致病性等高度危险物造成他人损害的，占有人或者使用人应当承担侵权责任；但是，能够证明损害是因受害人故意或者不可抗力造成的，不承担责任。被侵权人对损害的发生有重大过失的，可以减轻占有人或者使用人的责任。

(2)《刑法》第一百三十四条

【重大责任事故罪；强令、组织他人违章冒险作业罪】在生产、作业中违反有关安全管理的规定，因而发生重大伤亡事故或者造成其他严重后果的，处三年以下有期徒刑或者拘役；情节特别恶劣的，处三年以上七年以下有期徒刑。

强令他人违章冒险作业，或者明知存在重大事故隐患而不排除，仍冒险组织作业，因而发生重大伤亡事故或者造成其他严重后果的，处五年以下有期徒刑或者拘役；情节特别恶劣的，处五年以上有期徒刑。

案例解读：《民法典》规定，占有或者使用易燃、易爆、剧毒、高放射性、强腐蚀性、高致病性等高度危险物造成他人损害的，占有人或者使用人应当承担侵权责任。实验操作中使用的强酸、强碱等危险化学品属于强腐蚀性高度危险物，小张在使用高度危险物，发生了与操作手册不一样的情形时，未及时停止、检查错误，而是一意孤行，最终导致了实验室爆炸，应当承担侵权责任。

根据《刑法》对于重大责任事故罪的规定，在生产、作业中违反有关安全管理的规定，因而发生重大伤亡事故或者造成其他严重后果的，需要承担刑事责任。这里的主体指直接从事生产、科研、作业的人员，以及负责指挥、领导生产、科研、作业活动的管理人员；“严重后果”包括“造成死亡一人以上，或者重伤三人以上”。本案例中两人死亡、一人重伤，因此直接从事实验的小张与实验室相关人员可能需要承担刑事责任。

案例 1： 2021 年 3 月 2 日，河南省新乡市生态环境局辉县分局综合行政执法大队执法人员在辉县某企业化验室检查时发现，该企业化验室产生的废液未按规定进行单独收集。经调查，该企业于2018年5月份建成化验产品的实验室并开始运行，至现场检查时，实验室累计产生的化验废液有7.5升。执法人员责令该企业立即改正违法行为，并对该企业处7.4万元罚款。

案例2：2018年12月，华北某高校市政与环境工程实验室发生爆炸燃烧，致3人死亡。经查，事故的发生系有以下原因：(1)有关人员违规购买、违法储存危险化学品；(2)实验室违规开展试验、冒险作业；(3)实验室负责人对实验室和科研项目安全管理不到位。依据该结论，公安机关对事发科研项目负责人李某某和事发实验室管理人员张某某以"重大责任事故罪"依法立案侦查，追究刑事责任。

(六)管制化学品相关

小明为一名在校研究生，品学兼优，本应学成后回报社会。但一次偶然的机会，他发现售卖毒品的暴利，于是财迷心窍，竟与吸毒者合作，以学生做实验为幌子，在学校实验室研制冰毒，并提供给吸毒者进行买卖。

小鲤提问：小明的行为将面临怎样的后果？

小法回答：小明制毒、贩毒的行为已经触犯了《刑法》，应当承担刑事责任。

法律规范：

《刑法》第三百四十七条

【走私、贩卖、运输、制造毒品罪】走私、贩卖、运输、制造毒品，无论数量多少，都**应当追究刑事责任**，予以刑事处罚。

走私、贩卖、运输、制造毒品，有下列情形之一的，处**十五年有期徒刑**、**无期徒刑**或者**死刑**，并处**没收财产**：

（一）走私、贩卖、运输、制造**鸦片一千克以上**、**海洛因或者甲基苯丙胺五十克以上**或者其他毒品数量大的；

（二）走私、贩卖、运输、制造毒品集团的首要分子；

（三）武装掩护走私、贩卖、运输、制造毒品的；

（四）以暴力抗拒检查、拘留、逮捕，情节严重的；

（五）参与有组织的国际贩毒活动的。

走私、贩卖、运输、制造鸦片二百克以上不满一千克、海洛因或者甲基苯丙胺十克以上不满五十克或者其他毒品数量较大的，处七年以上有期徒刑，并处罚金。

走私、贩卖、运输、制造鸦片不满二百克、海洛因或者甲基苯丙胺不满十克或者其他少量毒品的，处三年以下有期徒刑、拘役或者管制，并处罚金；情节严重的，处三年以上七年以下有期徒刑，并处罚金。

单位犯第二款、第三款、第四款罪的，对单位判处罚金，并对其直接负责的主管人员和其他直接责任人员，依照各该款的规定处罚。

利用、教唆未成年人走私、贩卖、运输、制造毒品，或者向未成年人出售毒品的，从重处罚。

对多次走私、贩卖、运输、制造毒品，未经处理的，毒品数量累计计算。

案例解读：小明财迷心窍，利用学校实验室研制毒品，提供给吸毒者进行买卖，已经触犯《刑法》，构成制造毒品罪。作为一名品学兼优的大学生，小明本应该有美好的人生前景，但却因自己的一时贪念陷入了万劫不复的境地。远离毒品不只是自己不吸食，参与毒品的制作与售卖更不可取。

小鲤提示：毒品的高回报率极易激发人的贪婪与欲望，使人深陷其中而难以自拔。同时，毒品对个人、家庭和社会都会带来极其严重的后果，社会上不乏家破人亡的“瘾君子”。因此，大学生应坚决抵制毒品，勇于举报毒品交易。

案例1：2016年5月4日，唐某与郭某、蔡某在四川省某地商议制毒事宜，唐某安排郭某协助其制造冰毒，蔡某将其在四川省某村的住房作为制毒窝点并提供制毒原料和工具。几日后，公安人员在制毒窝点将郭某、蔡某抓获，当场查获大量毒品、制毒辅料和工具，并于当晚将唐某抓获。法院依法对唐某判处死刑，剥夺政治权利终身，并处没收个人全部财产。

案例 2: 娄某是辽宁某高校化工专业毕业生。毕业后，当他看到周围人开豪车、住大房，而自己的生活却普普通通，心里非常不平衡。于是，他经不住制毒高额利润的诱惑，走上了制毒、贩毒的不归路。娄某通过非法渠道，购入盐酸、溴素等大量管制类易制毒化学品原料，研究制造毒品半年左右。

2018 年 12 月，公安机关一举将包括娄某在内的 4 名涉毒犯罪嫌疑人全部抓获，当场缴获毒品甲卡西酮 13 千克，管制类易制毒化学品 1—苯基 1—丙酮 75 千克，盐酸 100 千克、溴素 125 千克，其他制毒原料约 2 吨，以及反应釜、离心机等制毒工具和设备，扣押毒资 11 万元。随后公安机关又将另外 2 名涉毒犯罪嫌疑人抓捕归案。

2020 年，辽宁省朝阳市中级人民法院进行一审宣判，将主犯娄某以制造、贩卖、运输毒品罪判处死刑，并处没收个人全部财产；对田某以贩卖、运输毒品罪判处死刑，缓期二年执行，并处没收个人全部财产；对贺某以运输毒品罪判处无期徒刑，并处没收个人财产 20 万元。

案例 3: 刘某某是武汉某高校一名在校学生。2022 年 4 月，其通过互联网添加龙某某微信，通过支付宝购买 γ—羟基丁酸液体 1 瓶，净重 15.49 克。龙某某遂联系境外卖家，通过邮政速递的方式将液体伪造外包装后自马来西亚邮寄给刘某某。2022 年 5 月，上述邮件入境时被海关查获，刘某某随即被公安人员抓获。

法院经审理认为，刘某某在明知所购液体属于违禁品且是从境外发货的情况下，仍提供境内收货地址进行购买，违反国家对毒品的管制规定，走私毒品 γ—羟基丁酸 15.49 克，其行为已构成走私毒品罪，判处拘役六个月，并处罚金人民币 2 000 元。

（七）科研成果权益

小明就读于上海某大学，在校期间，在科研组老师的指导下，其利用学校实验室的资源进行多次实验，完成并提交了毕业论文与相关设计作品。毕业后，小明利用该学术成果自行申报了两项专利。

小鲤提问： 小明能否利用毕业论文与相关设计作品申报专利？

小法回答： 小明的毕业论文与相关设计作品的专利申请权属于学校所有，小明不能利用毕业论文与相关设计作品申报专利。

法律规范：

《中华人民共和国专利法》（以下简称《专利法》）第六条

执行本单位的任务或者主要是利用本单位的物质技术条件所完成的发明创造为职务发明创造。**职务发明创造申请专利的权利属于该单位**；申请被批准后，该单位为专利权人。该单位可以依法处置其职务发明创造申请专利的权利和专利权，促进相关发明创造的实施和运用。

非职务发明创造，申请专利的权利属于发明人或者设计人；申请被批准后，该发明人或者设计人为专利权人。

利用本单位的物质技术条件所完成的发明创造，单位与发明人或者设计人订有合同，对申请专利的权利和专利权的归属作出约定的，从其约定。

案例解读： 根据《专利法》的规定，执行本单位的任务或者主要是利用本单位的物质技术条件所完成的发明创造为职务发明创造。职务发明创造申请专利的权利属于该单位；申请被批准后，该单位为专利权人。小明的毕业设计是在指导老师的详细指导下，利用高校的物质条件所完成。因此，学校享有他的毕业设计的专利申请权，小明无权直接利用该学术成果申报专利。

案例： 湖北某高校学生孟某于2015年大学本科毕业，向学校提交了毕业设计作品和论文。后其发现学校的老师于2017年剽窃了他的学术成果，并且申报了三项专利。这三项专利的第一、第二申报发明人分别是医学部生物医学工程与医学影像学院副教授叶某及该学院院长郑某。随后，学校认定叶某存在剽窃他人学术成果和不当使用他人署名的学术不端行为，对叶某作出暂缓2年申报高一级专业技术职务岗位，并取消其3年内研究生导师申报资格的处罚。

2023 年 11 月，湖北省高级人民法院作出终审判决，学校向孟某赔偿经济损失及合理维权费用 15 万元；叶某承担连带责任。

（八）教师课件侵权

小东就读于上海某大学，在上某专业课时，小东偷偷将老师署名为“上海某高校”的 PPT 课件拷贝至自己的 U 盘中。随后，小东将该课件上传至某网站并获得了一定的打赏。

小鲤提问： 小东可以私自上传老师上课的课件吗？

小法回答： 未经老师允许，小东不得私自上传老师上课的课件，否则应当承担侵权责任。

法律规范：

（1）《著作权法》第十条

著作权包括下列人身权和财产权：

……

（六）发行权，即以出售或者赠与方式向公众提供作品的原件或者复制件的权利；

……

（2）《著作权法》第十一条

著作权属于作者，本法另有规定的除外。

创作作品的自然人是作者。

由法人或者非法人组织主持，代表法人或者非法人组织意志创作，并由法人或者非法人组织承担责任的作品，法人或者非法人组织视为作者。

(3)《著作权法》第五十二条

有下列侵权行为的，应当根据情况，承担**停止侵害**、**消除影响**、**赔礼道歉**、**赔偿损失**等民事责任：

（一）**未经著作权人许可，发表**其作品的；

……

案例解读：《著作权法》所称作品，是指直接产生文学、艺术和科学领域内具有独创性并能以某种有形形式复制的智力成果。教学课件是教师为完成学校教学任务，通过多媒体这一媒介，将自己的思想或者意志表达出来的智力成果的外化、数字化形式，具有独创性和可复制性。因此，教学课件属于《著作权法》所保护的作品范畴。小东不享有老师课件的著作权，因此也没有上传该课件的权利。

根据《著作权法》，小东上传老师课件进行营利性活动，并且未征得老师、学校的许可也未支付报酬，其行为侵犯了老师的著作权，应当根据情况，承担停止侵害、消除影响、赔礼道歉、赔偿损失等民事责任。著作权是一种无形的权利，但又是用有形物体体现的，包括精神权利和财产权利。

案例： 某学校校长从事写作指导科学研究，并形成了一整套独具特色的、能快速提升中小学生写作能力和水平的教学体系，同时创造性地建立了与之相配套的课堂教学电子课件。2013 年，郝某华到该校学习教学技能并就业。第一次见面，校长即向其讲明，到学校学习就业，前提是不能学成后自己进行营利活动，学校的教学课件属于商业秘密，不得外泄，只限本校教学使用。郝某华当即表示绝不违约。后郝某华辞掉工作，自行开办小课堂，还公开采用该校独创的教学体系、教学方法甚至电子课件进行侵权牟利活动。最终，法院判令郝某华立即停止侵权，在广播电视报上刊登对侵犯该中文写作培训学校著作权行为的道歉声明，同时赔偿校方经济损失 20 000 元。

（九）实习兼职陷阱

1. 小静是一名大三的学生，想利用暑假时间争取一个实习机会以锻炼自己的实务能力。最近，她找了一份在外贸公司的暑期实习，但在咨询中，公司的人力资源人员告诉她法律规定实习不签合同。小静由此担心，如果不签实习协议，那公司答应的报酬和福利会不会兑现？

小鲤提问： 公司这么做合法吗？实习生（兼职人员）是否要

签订实习（兼职）协议？

小法回答： 对于是否要签订实习（兼职）协议，我国法律并未明确规定。从民法的角度看，只要双方达成一致决定，口头协议也是可以的。但从证据角度看，建议双方订立书面实习（兼职）协议，以此维护实习生的合法权益，确保其工作范围和工作报酬。

如果单位不愿签订书面协议，实习生也可以考虑通过录音录像、保留工作记录等方式，留下相关证据。当然，面对此类单位，我们就需要谨慎考虑是否去实习。

法律规范：

（1）《关于贯彻执行〈中华人民共和国劳动法〉若干问题的意见》第十二条

在校生利用业余时间勤工助学，不视为就业，未建立劳动关系，可以不签订劳动合同。

（2）《中华人民共和国劳动合同法》（以下简称《劳动合同法》）第二条

【适用范围】中华人民共和国境内的企业、个体经济组织、民办非企业单位等组织（以下称用人单位）与**劳动者**建立劳动关系，订立、履行、变更、解除或者终止劳动合同，适用本法。

国家机关、事业单位、社会团体和与其建立劳动关系的劳动者，订立、履行、变更、解除或者终止劳动合同，依照本法执行。

(3)《民法典》第四百六十四条

合同是民事主体之间设立、变更、终止**民事法律关系**的协议。

婚姻、收养、监护等有关身份关系的协议，适用有关该身份关系的法律规定；没有规定的，可以根据其性质参照适用本编规定。

案例解读： 实习生（兼职人员）不是劳动者，因此实习生与用人单位之间的关系，一般在实际运用中认为属劳务关系，所签订的实习（兼职）协议一般属于普通民事协议，此法律关系主要**受《民法典》调整**，而**不属于劳动法的调整范畴**。

但需要注意的是，这并不是指用人单位不能与在校学生建立劳动关系，而是**在校学生的校外实习或勤工助学不属于就业**，但这并不适用于以就业为目的即将毕业的学生。因此，大学生到用人单位实习，应根据具体情形进行判断。对于以完成学校社会实习安排为目的或自行参加社会实践的实习，法律不视为建立劳动关系，但用人单位与大学毕业生之间名为实习、实为劳动关系的除外。

小鲤提示： 关于签订实习（兼职）协议的注意事项。

（1）签订实习（兼职）协议应具备以下重要条款：用人单位的名称、住所、法定代表人或主要负责人；实习生的姓名、住址、身份证等有效证件号码；实习合同期限；工作内容和地点；工作时间和休息休假；实习报酬及其他法律法规应当纳入合同的其他事项。需注意，具体内容要约定明确。

(2) 实习（兼职）协议一般属于普通民事合同，可以约定违约金，也可以不约定违约金。若有涉及，实习生对于其数额限度应当予以注意和仔细考虑。

(3) 权利和义务应当是双方对等的，而非单方面的，需警惕用人单位的“霸王条款”。

2. 小康利用暑假时间在学校附近的一家餐厅兼职。某日，小康在上菜时不小心将菜盘打翻，并误伤了旁边正在就餐的顾客。就小康现有的经济能力，尚无法满足顾客提出的高昂的赔偿费、医疗费、精神补偿等。

小鲤提问： 该顾客的损害赔偿应如何承担？

小法回答： 首先餐厅应当向顾客进行赔偿。至于餐厅与学校及学生之间的责任划分，则需要按照彼此之间的协议来确定。

法律规范：

《民法典》第一千一百九十二条

个人之间形成**劳务关系**，提供劳务一方因劳务造成他人损害的，由**接受劳务一方承担侵权责任**。接受劳务一方承担侵权责任后，可以**向有故意或者重大过失的提供劳务一方追偿**。提供劳务一方因劳务受到损害的，根据双方各自的过错承担相应的责任。

提供劳务期间，因第三人的行为造成提供劳务一方损害的，提供劳务一方有权请求第三人承担侵权责任，也有权请求接受劳务一方给予补偿。接受劳务一方补偿后，可以向第三人追偿。

案例解读： 在实习过程中，学生也有可能对实习单位造成一定的损失。根据相关法律的规定，在此种情况下，应当根据单位与学校、单位与学生之间的合同来确定责任；如果没有合同，则应该按照一般条款的规定，由接受劳务一方的实习单位承担，实习单位承担侵权责任后，如果实习生有故意行为或者重大过失，实习单位可以向实习生追偿，或者按照实习协议处理。

3. 小李是某高校大一学生，因经验不足，在假期兼职找工作时被一家名为“明天”的中介所提供的优厚条件吸引，在其宣传下交了 500 元所谓的“押金”“体验费”等各种费用后，只收到了两次发传单的工作，赚了 30 元。此后该中介公司便再无音讯。

小鲤提问： 该中介公司的行为是否违法？大学生遇到此类情况时应当如何辨别与预防？

小法回答： 该中介公司实为“黑中介”，应根据其具体涉案数额判断其是否构成犯罪。具体预防措施详见小鲤提示。

法律规范：

《刑法》第二百二十四条

【合同诈骗罪】有下列情形之一，**以非法占有为目的，在签订、**

履行合同过程中，骗取对方当事人财物，数额较大的，处**三年以下有期徒刑**或者**拘役**，并处或者单处**罚金**；数额巨大或者有其他严重情节的，处三年以上十年以下有期徒刑，并处罚金；数额特别巨大或者有其他特别严重情节的，处十年以上有期徒刑或者无期徒刑，并处罚金或者没收财产：

（一）以虚构的单位或者冒用他人名义签订合同的；

（二）以伪造、变造、作废的票据或者其他虚假的产权证明作担保的；

（三）没有实际履行能力，以先履行小额合同或者部分履行合同的方法，诱骗对方当事人继续签订和履行合同的；

（四）收受对方当事人给付的货物、货款、预付款或者担保财产后逃匿的；

（五）以其他方法骗取对方当事人财物的。

案例解读：根据我国法律规定，**“黑中介”构成合同诈骗**。一般以非法占有为目的，在签订、履行合同过程中骗取对方当事人财物，数额较大的，处三年以下有期徒刑或者拘役，并处或单处罚金。

小鲤提示：大学生在找兼职工作时，不可盲目相信中介，在选择中介公司时要保持高度警惕，尽量选择通过学校勤工助学指导中心、公共就业服务机构或正规职业介绍机构，谨防“黑中介”。此外，学生还可以通过详细了解用人单位的工资待遇、劳动合同、工作时间地点等信息，以及待求职意向确定后向中介机构索取全市统一印制并加盖公章的用工洽谈通知书等方式加以确认。

4. 小孙是一名大四的学生，临近毕业，想找一家企业实习。经人介绍，她来到一家外企公司面谈，在签订协议时她看到协议中注明“实习期间需要上交其身份证及护照进行担保”，虽然感觉有些不妥，但仍然签订了实习协议。

小鲤华提问：该协议条款是否合法？

小法回答：该条款的约定违反法律规定，应属无效。

法律规范：

《劳动合同法》第九条

【用人单位不得扣押劳动者证件和要求提供担保】用人单位招用劳动者，**不得扣押劳动者的居民身份证和其他证件，不得要求劳动者提供担保或者以其他名义向劳动者收取财物**。

案例解读：不管是否已经签订书面劳动合同，公司均不得以任何名义收取员工的押金或证件，已经收取的，应予以退还。本事例中，小孙与企业签订的虽然是实习协议，但企业也同样不得扣押其身份证件进行担保。

案例1：果某为某高校在校学生。2021年7月，其在北京某网络公司担任兼职讲师，进行线下课程辅导，按小时计算课时费用。2021年9月30日，公司与果某签署协议，甲方为该公司，乙方为果某。协议约定甲方按照乙方8月应得税后工资13 135元、9月应得税后工资960元向乙方进行支付，于2021年10月31日前给付。若逾期，甲方应向乙方支付未付工资金额5%的违约金，且乙方有权停止正常工作，直至工资发放。

后公司一直没有如期支付。2021年10月20日，果某申请劳动仲裁，仲裁委作出不予受理通知。果某不服，并诉至法院。

法院经审理认为，果某为在校学生，根据其工作性质及费用发放方式，果某与北京某公司为劳务关系，并非劳动关系。法院最终对劳务合同纠纷进行审理，支持了果某支付工资及违约金的诉讼请求。

案例2：17岁的小王是某高校的一名学生。暑假期间，小王找到一份某公司的兼职。上班期间，小王在公司车间操作机器时不幸受伤，经医院诊断为左手掌毁损断伤。随后，小王与该公司签订了一份协议书，约定由该公司向小王赔偿12 000元了结此事。然而，这场事故给小王留下较大的身体和心理创伤，之后还要定期前往医院复查，12 000元的赔偿款远不足以支付后续医疗费。

随后，小王将该公司诉至法院，要求其承担赔偿责任。起诉后，小王对受伤手掌申请司法鉴定，被评定为七级伤残。法院经审理认为，事发时小王接受该公司的工作安排，在公司工作场所操作机器设备时受伤，而该公司事前未提供岗前培训或安全保障，应对小王的损伤承担全部的赔偿责任，依法判决该公司向小王支付伤残赔偿金等费用共计 41 万余元。该公司不服上诉，法院二审维持原判。

（十）求职就业陷阱

1. 2021 年 3 月，A 公司与所在地某高校学院及其应届毕业生张三和李四，三方共同签订了“毕业生就业协议书”（后称“三方协议”），要求张三和李四在规定时限内携带就业报到证、户口迁移证、毕业证书等相关材料到 A 市大学毕业生就业指导服务中心办理报到手续。后张三与李四因个人原因未及时报到，A 公司遂诉至法院，要求张三与李四依照“三方协议”赔偿违约金。

小鲤提问： 本事例中，张三与李四是否需要依照“三方协议”赔偿违约金？“三方协议”与录用通知书（offer）、劳动合同有何区别？

小法回答： 张三与李四需要依照“三方协议”赔偿违约金。录用通知书是用人单位向毕业生发出的希望与其建立劳动关系的邀约，不涉及学校一方。“三方协议”则是毕业生与用人单位、学校签署的正式协议，对用人单位、学校、个人三方都有约束力，但“三方协议”不是劳动关系的法律文件，对劳动关系没有约束力。如果用人单位与个人未签订劳动合同，或者个人在签订劳动合同之后试用期未通过，也没有正式形成劳动关系。

法律规范：

(1)《民法典》第七条

民事主体从事民事活动，应当遵循诚信原则，秉持诚实，恪守承诺。

(2)《民法典》第一百一十九条

依法成立的合同，对当事人具有法律约束力。

(3)《民法典》第一百七十六条

民事主体**依照法律规定**或者**按照当事人约定，履行民事义务**，承担民事责任。

(4)《民法典》第五百七十七条

当事人一方**不履行合同义务或者履行合同义务不符合约定的**，应当承担**继续履行、采取补救措施或者赔偿损失**等违约责任。

案例解读："三方协议"的全称是《全国普通高等学校毕业生、毕业研究生就业协议书》，由毕业生、用人单位和毕业生所在学校共同签订。"三方协议"大致由两个部分组成，一部分为协议签订主体的基本信息，另一部分为协议条款，即包括岗位名称、试用期与服务期、工作地点、试用期的薪资、试用期满后的薪资、"五险一金"等在内的信息。由于应届毕业生在求职过程中获得心仪录取通知时还没有正式毕业，所以仅能通过签订“三方协议”的方式，将与用人单位协商好的具体待遇确认下来，待正式毕业后，再另行与企业签订正式的劳动合同。

签订“三方协议”并不影响毕业生的应届生身份，即“三方协议”与应届生身份并没有必然联系。毕业生的应届生身份，只有在毕业生与用人单位签订了正式的劳动合同并缴纳社保后才失去效力。

一旦签订“三方协议”，毕业生如想要毁约，则需要承担违约金风险。此外，解约和改派的手续也会较为烦琐，所以签订“三方协议”时一定要慎重，结合自身对违约的承受力考虑是否要签约。一旦违约，毕业生除承担违约责任、支付违约金外，还可能影响自身就业及学校声誉，需谨慎考虑。

2. 2020 年 6 月，大四学生张三在网络上看到学校附近一家公司招聘助理，便投简历应聘。随后，黄某自称是该公司老板，在线上对张三进行了面试并与张三谈妥了工资等事宜，但并未与张三签订劳动合同。此后，黄某带着张三到合肥、深圳等地“看工地”，并先后推荐“李四”等十余位老板的微信给张三。在互加微信后，几位老板称与黄某有业务往来，要求张三垫付资金向他们转账，黄某也多次要求张三向这几位老板先行垫付相关费用。

就这样，张三在十余位老板与黄某的连环哄骗中，先后向黄某支付了合伙投资款、钢筋款、结算工资、周转费用等十余万元。

小鲤提问： 张三应当如何维护自身合法权益？黄某是否构成犯罪？

小法回答： 张三应当及时报警寻求法律帮助。黄某无视国家法律，以非法占有为目的，虚构事实骗取他人钱款，数额巨大，其行为已构成诈骗罪，应依法承担相应刑事责任。

法律规范：

《刑法》第二百六十六条

【诈骗罪】诈骗公私财物，数额较大的，处**三年以下有期徒刑**、**拘役**或者**管制**，并处或者单处**罚金**；数额巨大或者有其他严重情节的，处三年以上十年以下有期徒刑，并处罚金；数额特别巨大或者有其他特别严重情节的，处十年以上有期徒刑或者无期徒刑，并处罚金或者没收财产。本法另有规定的，依照规定。

案例解读： 走出校园初入社会的毕业生往往因求职心切，忽视了合规合法的关键信息，从而落入了不法分子的圈套。有些诈骗人员通过网络发布虚假的招聘信息，以“**高薪**”等丰厚的待遇条件为诱饵，大张旗鼓地进行招聘，随后便利用“**保证金**”“**管理费**”“购买服装”等理由，要求求职人员转账付款，实施诈骗。

小鲤提示： 如何**规避求职陷阱**？一是尽量从校园招聘会、企业官网等**正规渠道**上寻找招聘信息，不轻信网络招聘，必要时可向老师寻求帮助；二是切莫被所谓的高薪资、高福利所迷惑，若发现传销等违法行为应及时报警，避免深陷其中；三是要了解并多方核实应聘单位的真实资质，在涉及需要个人垫付来办理的相关业务时保持清醒，不轻易缴纳各种费用，以免上当受骗。

案例 1: 2019 年 6 月，刘某与某高校签订“三方协议”，约定服务期 10 年，违约金 10 000 元整。同年 7 月，刘某因个人原因向该高校提交解除“三方协议”的申请，该高校收取刘某违约金 10 000 元，并出具解约函，载明“经友好协商，同意解除与刘某与我单位所签的就业协议”。刘某在交纳违约金后，对违约金事宜持有异议并多次与学校沟通，因协商未果，诉至法院。

法院认为，原告刘某与被告某高校签订的高校毕业生就业协议书并未涉及劳动合同必备内容，不具备劳动合同的效力，因系双方真实意思表示，且内容未违反法律强制性规定，合法有效，双方均应按照协议的约定全面履行。原告刘某因个人原因与被告解除就业协议并选择其他用人单位就业，其行为构成违约，应按双方签订的协议约定承担相应的违约责任。综上，法院判决：驳回刘某的诉讼请求。

案例 2: 2020 年 2 月，陶某在网上发布了一条建筑工程公司招聘经理助理的信息，大学毕业生吴某看到招聘信息后便投简历应聘。随后，陶某自称是该公司老板，以疫情期间不方便进入办公楼为借口，在办公楼楼下面试了吴某，并与吴某谈好了工资等事宜。接着，陶某又谎称财务人事还没有上班，疫情期间办公室也不能进入，没有与吴某签订劳动合同。同年2月20日至4月13日，陶某虚构公司财务未上班、无法报销及事后报销等事由，让吴某向其转款缴纳社保，以及垫付机票、酒店、吃饭等相关费用。此外，陶某以有工地和工程建设项目可赚钱为由，使用自己控制的14个微信号分别虚构"李工""梁工"等身份与吴某聊天，骗吴某合伙投资，支付钢筋款、结算工资、周转费用等，骗取吴某向上述微信账户及陶某本人名下使用的微信账户转款。至案发，吴某被骗共计122 866.4元；陶某向吴某返款共计33 171.74元；吴某被骗转款缴纳社保以及垫付酒店、机票等各类消费共计6 591元。

法院经公开开庭审理，宣判陶某因犯诈骗罪被判处有期徒刑4年8个月，并处罚金30 000元，责令退赔被害人损失。

案例3： 宋某某、李某、沈某某均为大四在校学生。2025年2月，三人进入某网络科技有限公司从事数据标注工作，至3月1日。面试阶段，该公司承诺薪资待遇为底薪2 000元加提成，提成按照每框0.07元计算，但双方并未签订书面劳动合同。三人离职后向该公司索要工资，该公司却以"仅工作一周不予支付工钱"为由拒绝发放。而在面试及工作期间，公司从未提及该项规定。三人随即申请劳动仲裁，被以不属于规定的争议范围，且申请人为在校生，不能成为劳动关系一方主体为由不予受理。三人遂向法院提起诉讼。在法院的主持下，双方达成调解协议，公司于 2025 年 4 月 16 日将拖欠的工资全部支付给三人，三人申请撤诉。

四、人身权益：激扬青春健康的纪念册

（一）生命健康权保护

1. 毕业季到来，毕业生们即将离校。小王等 17 名同班同学一起聚餐庆祝毕业。当晚，他们在学校东门外一小吃摊购买了 240 多元的烧烤、炒饭等，又买了 2 箱啤酒，然后在学校食堂中聚餐。正当大家吃得尽兴时，几位同学陆续倒下，有人则脸色发紫，开始呕吐。后经医院诊断，14 名学生均为亚硝酸盐中毒。其中 4 人中毒较重，被送入 ICU，另外 10 人中毒相对较轻。

小鲤提问： 小王等同学应当如何维护自身合法权益？

小法回答： 小王等同学应立即向公安机关报案并保留食物样本证据。后经调查，该小吃摊经营者为降低成本，使用工业亚硝酸盐加工食品，造成 14 人中毒，依法应承担刑事及民事赔偿责任。

法律规范：

（1）《民法典》第一千零二条

自然人享有生命权。自然人的生命安全和生命尊严受法律保护。任何组织或者个人不得侵害他人的生命权。

(2)《民法典》第一千零四条

自然人享有健康权。自然人的身心健康受法律保护。任何组织或者个人不得侵害他人的健康权。

(3)《中华人民共和国食品安全法》(以下简称《食品安全法》)第三十四条

禁止生产经营下列食品、食品添加剂、食品相关产品:

(一)用非食品原料生产的食品或者添加食品添加剂以外的化学物质和其他可能危害人体健康物质的食品,或者用回收食品作为原料生产的食品;

……

(四)超范围、超限量使用食品添加剂的食品;

……

(十三)其他不符合法律、法规或者食品安全标准的食品、食品添加剂、食品相关产品。

(4)《食品安全法》第一百四十八条

消费者因不符合食品安全标准的食品受到损害的,可以向经营者要求赔偿损失,也可以向生产者要求赔偿损失。接到消费者赔偿要求的生产经营者,应当实行首负责任制,先行赔付,不得推诿;属于生产者责任的,经营者赔偿后有权向生产者追偿;属于经营者责任的，生产者赔偿后有权向经营者追偿。

生产不符合食品安全标准的食品或者经营明知是不符合食品安全标准的食品，消费者除要求赔偿损失外，还可以向生产者或者经营者要求支付价款十倍或者损失三倍的赔偿金；增加赔偿的金额不足一千元的，为一千元。但是，食品的标签、说明书存在不影响食品安全且不会对消费者造成误导的瑕疵的除外。

(5)《刑法》第一百四十三条

【生产、销售不符合安全标准的食品罪】生产、销售不符合食品安全标准的食品，足以造成严重食物中毒事故或者其他严重食源性疾病的，处三年以下有期徒刑或者拘役，并处罚金；对人体健康造成严重危害或者有其他严重情节的，处三年以上七年以下有期徒刑，并处罚金；后果特别严重的，处七年以上有期徒刑或者无期徒刑，并处罚金或者没收财产。

法律解读：生命健康权是人的首要权利，不容侵犯。《民法典》明确保障了公民的生命权、身体权和健康权。在食品安全事故中，生命健康权是首要被保护的对象，食品经营者对生命健康权承担无过错责任与最高安全标准，也就是说即便非故意，只要食品致害，食品经营者就必须赔偿，如达到足以造成严重食物中毒事故、对人体健康造成严重危害等程度，还应承担刑事责任。法律更规定消费者享有高额惩罚性赔偿权利，严惩漠视生命的行为。

2. 小李与小刚是大学同班好友，且均为羽毛球业余爱好者，经常相约在学校羽毛球场进行练习。一日在练习中，小李被小刚扣杀的羽毛球击中右眼，经医院就诊，被诊断为右眼损伤，接受治疗花费5 000元。

小鲤提问： 小李是否可以以侵害健康权为由要求小刚赔偿医药费等开支？

小法回答： 小李无权要求小刚赔偿相关费用，应当自行承担。

法律规范：

《民法典》第一千一百七十六条

自愿参加具有一定风险的文体活动，因其他参加者的行为受到损害的，受害人不得请求其他参加者承担侵权责任；但是，其他参加者对损害的发生有故意或者重大过失的除外。

案例解读： 根据《民法典》上述规定可知，对于自甘冒险行为，只有对方存在故意或重大过失时，才需承担侵权损害赔偿责任，否则无须担责。羽毛球运动是常见的对抗性体育运动项目，参赛者被羽毛球击中属于常见危险。羽毛球运动爱好者对该项危险应当有所认知和预见，但仍自愿参加比赛，即属于自甘冒险的行为。在羽毛球比赛中，扣杀进攻属于正常动作，在未明显违反比赛规则的情况下，羽毛球击中参赛者不存在重大过失，因此无须承担侵权责任。

案例 1: 2019 年 12 月，赵某与朋友一行 5 人自带酒水到王某经营的火锅店用餐。用餐后不久，赵某出现头晕症状，同行用餐的朋友出现呕吐症状。在告知服务员后，服务员到包间查看情况，发现包间的排风扇和窗户均未打开。赵某等人结账后离开饭店。当晚，赵某回到家中仍恶心、呕吐、头晕，随即送往医院后治疗，经诊断为一氧化碳中毒。

法院经审理后认为，公民的生命健康权受法律保护。宾馆、商场、银行、车站、娱乐场所等公共场所的管理人，未尽到安全保障义务，造成他人损害的，应当承担侵权责任。王某经营的饭店，对来店消费者应依法承担合理限度内的安全保障义务。赵某等人在饭店就餐使用了饭店提供的木炭火锅，在就餐中出现了头晕、呕吐等症状，在当晚前往医院治疗后经诊断为一氧化碳中毒。王某虽辩称可能存在引起赵某恶心、呕吐等症状其他原因，但未举证证明，故能够认定赵某一氧化碳中毒与王某经营行为存在因果关系。在赵某无自身故意或者重大过失情况下，王某应依法承担全部赔偿责任。法院依法判决，王某应赔偿赵某医疗费用等各项损失 5 000 余元。

案例 2: 周某为湖南某高校硕士研究生。2023 年 6 月，周某调入张某某等人居住的寝室。此后，周某因琐事与张某某等室友多次发生争执，产生积怨。2024年1月，周某从网上下载多篇涉及秋水仙碱的资料，并购买秋水仙碱粉末藏于寝室衣柜。2024年4月3日，周某向寝室内张某某、周某某共食的罐装麦片内投放秋水仙碱粉末。张某某食用后出现呕吐等症状，被送往医院就诊。最终，张某某经抢救无效死亡，死因为急性秋水仙碱中毒致多器官系统功能衰竭。4月17日，周某被公安机关抓获归案。

法院经审理认为，周某为泄私愤，向寝室内两名室友共食的罐装麦片内投放剧毒物质，致张某某一人死亡，其行为构成故意杀人罪。在张某某毒发抢救期间，周某刻意隐瞒事实，延误救治，终致张某某多器官系统功能衰竭身亡；案发后，周某试图隐匿和销毁重要物证掩盖罪行、逃避惩罚，犯罪动机卑劣，主观恶性极深，社会影响恶劣，罪行极其严重。法院以故意杀人罪判处周某死刑，剥夺政治权利终身。

（二）情感与人际交往

小李（男）与小张（女）同为学校某社团成员。一日在外聚餐，小李趁小张醉酒之际，将小张带至校外某宾馆内，意图与之发生性关系。小张奋力反抗并称要报警，后因小李害怕小张报警而停止侵犯。案发后，小张联系小李称自己已经报案，小李遂到公安机关投案并如实供述了事实经过。

小鲤提问： 小李需要承担何种法律责任？

小法回答： 小李涉嫌犯强奸罪，应当承担相应的刑事责任。

法律规范：

《刑法》第二百三十六条

【强奸罪】以暴力、胁迫或者其他手段强奸妇女的，处三年以上十年以下有期徒刑。奸淫不满十四周岁的幼女的，以强奸论，从重处罚。

强奸妇女、奸淫幼女，有下列情形之一的，处十年以上有期徒刑、无期徒刑或者死刑：

（一）强奸妇女、奸淫幼女情节恶劣的；

（二）强奸妇女、奸淫幼女多人的；

（三）在公共场所当众强奸妇女、奸淫幼女的；

（四）二人以上轮奸的；

（五）奸淫不满十周岁的幼女或者造成幼女伤害的；

（六）致使被害人重伤、死亡或者造成其他严重后果的。

案例解读：《刑法》第二百三十六条规定，以暴力、胁迫或者其他手段强奸妇女的，处三年以上十年以下有期徒刑，该罪的最低法定刑为三年。本事例中，小李已经着手实施强奸行为，构成强奸罪。但在案发进行中，小李因害怕小张报警而停止犯罪行为，没有对小张造成更大的伤害。同时，小李具有法定自首情节，认罪认罚，依法可以减轻处罚。小李因一念之差从一名大学生沦落为强奸犯，人生留下了永远的污点。小李虽没有造成无法挽回的后果，但仍将受到法律的严厉惩处，为自己的违法行为付出代价。

案例： 浙江某大学 2016 级学生努某犯强奸罪。鉴于努某系犯罪中止，且具有自首情节，2020 年 4 月 17 日，杭州市西湖区人民法院判处努某有期徒刑一年六个月，缓刑一年六个月。

（三）非法拘禁

小陈为某高校大三学生，为支付女友整形费用，经中介介绍签订“零息美容贷”合同（名义借款 5 万元，实际到手仅 3 万元，含高额手续费）。因兼职收入无法覆盖月供，小陈在贷款逾期后被催收团伙盯上。某日课后，催收人员王某等 3 人以“协商还款”为由将小陈骗至校外咖啡店，强行没收手机后押至郊区废弃仓库拘禁。拘禁持续了 72 小时，王某等轮流看守，禁止小陈离开，在逼迫小陈向同学借钱未果后，三人殴打小陈并致其软组织挫伤，还威胁其“不还钱就通知学校开除学籍”。最终小陈趁看守松懈时报警，警方当场解救小陈并刑拘涉案人员。

小鲤提问： 王某应当承担怎样的后果？

小法回答： 王某涉嫌犯非法拘禁罪，应当承担相应的刑事责任。

法律规范：

(1)《刑法》第二百三十八条

【非法拘禁罪；故意伤害罪、故意杀人罪】非法拘禁他人或者以其他方法非法剥夺他人人身自由的，处三年以下有期徒刑、拘役、管制或者剥夺政治权利。具有殴打、侮辱情节的，从重处罚。

犯前款罪，致人重伤的，处三年以上十年以下有期徒刑；致人死亡的，处十年以上有期徒刑。使用暴力致人伤残、死亡的，依照本法第二百三十四条、第二百三十二条的规定定罪处罚。

为索取债务非法扣押、拘禁他人的，依照前两款的规定处罚。

国家机关工作人员利用职权犯前三款罪的，依照前三款的规定从重处罚。

(2)《治安管理处罚法》第四十条

有下列行为之一的，处十日以上十五日以下拘留，并处五百元以上一千元以下罚款；情节较轻的，处五日以上十日以下拘留，并处二百元以上五百元以下罚款：

（一）组织、胁迫、诱骗不满十六周岁的人或者残疾人进行恐怖、残忍表演的；

（二）以暴力、威胁或者其他手段强迫他人劳动的；

（三）非法限制他人人身自由、非法侵入他人住宅或者非法搜查他人身体的。

法律解读： 非法拘禁是严重的人身侵害行为。任何持续剥夺人身自由的行为均违法，无论拘禁场所（仓库/酒店/车内）、时长（超6小时即可能立案）或是否"事出有因"。

法律绝不因被害人"欠债"而豁免施暴者的刑责。法律明确禁止私力救济，即使对方欠钱未还，暴力讨债仍构成犯罪，债务纠纷应通过诉讼解决。大学生需牢记：债务问题属于民事纠纷，暴力催收必涉刑事犯罪。面对拘禁威胁，生命权永远高于财产权。

案例： 杭州在校大学生杨某因陷入"校园贷"债务危机，无力偿还债务，便选择向派出所报案。2017年4月19日，杨某离开派出所后，被借贷中介人员肖某、胡某、石某、高某4人强行带走。为追讨剩余债务，4人将杨某非法拘禁于某酒店房间内近一周。拘禁期间，杨某持续遭受暴力对待，肖某等4人在面包店附近催债谈判中发生冲突，后又在将杨某挟持至浙江东阳失败后，在车内及钱塘江边等多地对杨某多次实施殴打，造成杨某身心受到严重伤害。最终，杭州经济技术开发区法院审理认为，肖某等4名被告人为索债结伙非法拘禁他人，并伴有多次殴打情节，构成非法拘禁罪。法院一审分别判处肖某等4人有期徒刑一年零一个月至一年零四个月不等刑罚。

（四）肖像权保护

一次聚会上，同学把小明嬉皮笑脸玩耍的模样拍摄下来，未经小明同意，擅自配上文字，并在网络上广泛流传。小明很生气，但其他同学却说这只是开个玩笑，无伤大雅。

小鲤提问：小明同学的这种行为是否违反法律？小明应该如何维权？

小法回答：未经当事人同意，将当事人的照片发布到网络社区、公众平台等，不管是否以盈利为目的，只要当事人主张，均属于侵犯肖像权。

法律规范：

《民法典》第一千零一十九条

任何组织或者个人不得以**丑化、污损**，或者**利用信息技术手段伪造**等方式侵害他人的肖像权。未经肖像权人同意，不得**制作、使用、公开**肖像权人的肖像，但是法律另有规定的除外。

未经肖像权人同意，肖像作品权利人不得以发表、复制、发行、出租、展览等方式使用或者公开肖像权人的肖像。

案例解读：侵犯肖像权并不是日常生活中“无伤大雅”的玩笑，而是属于违法行为；小明追究这样的行为也不是“上纲上线”，而是维护自己的合法权益。因此，小明可以要求同学立即改正，删除照片。若同学拒不改正，小明可以向人民法院提起诉讼，要求赔偿损失、赔礼道歉、消除影响，用法律手段保护自己。

案例1：2017年5月，某门户网站官博配了九张图，最后一张是恶搞《还珠格格》中尔康的扮演者——演员周杰的表情包。周杰在该条微博评论中气愤回怼，并发微博怒斥这种行为不道德。无数网友表示支持周杰，认为艺人也应有肖像权。一番争议后，该网站次日清晨道歉，删除相关内容，并承诺不再继续传播。

案例 2： 小晴是某大学在校学生，同时也是一名小红书博主，平时比较喜欢拍照，并挑选一些自拍照在小红书上发布。一日，小晴在浏览网页时，发现其自拍照被某医美机构盗用作为配图，并被捏造“整容后人生逆袭”的故事，同时配有“三句话让别人给我花了18万！”“没人看出来我的漂亮是整的！”等诱导性文字，随后察觉同学们经常在背后对自己指指点点。小晴不堪其扰，将盗图者起诉至法院，要求对方赔偿精神损失费及维权费。

法院审理认为，被告盗用小晴肖像捏造不实信息，诱导网络用户进行整形，并且侵犯了原告肖像权、名誉权等人格权益，依法判令被告赔偿小晴精神损害抚慰金和合理维权费用共计 8 000 元。

（五）名誉权保护

一日，大学生小方进入一家超市，在离店时店门口的警报器突然鸣响。该店一名女保安员阻拦小方离店，并不顾小方的强烈反对，强行将其带入地下商场的办公室内做全身检查。最终，超市未检查出小方身上有任何带磁信号的商品，小方遂将该超市告上法院。

小鲤提问： 超市可以未经小方同意对其进行全身检查吗？

小法回答： 不可以。超市的行为侵犯了小方的人格尊严权和人身自由权，是侵权行为。

法律规范：

（1）《民法典》第一百一十条

自然人享有生命权、身体权、健康权、姓名权、肖像权、**名誉权**、荣誉权、隐私权、婚姻自主权等权利。

法人、非法人组织享有名称权、名誉权和荣誉权。

（2）《民法典》第九百九十五条

人格权受到侵害的，受害人有权依照本法和其他法律的规定请求行为人承担**民事责任**。受害人的停止侵害、排除妨碍、消除危险、消除影响、恢复名誉、赔礼道歉请求权，不适用诉讼时效的规定。

（3）《民法典》第一千零二十四条

民事主体享有名誉权。任何组织或者个人不得以侮辱、诽谤等方式侵害他人的名誉权。

名誉是对民事主体的品德、声望、才能、信用等的社会评价。

（4）《中华人民共和国消费者权益保护法》（以下简称《消费者权益保护法》）第十四条

消费者在购买、使用商品和接受服务时，享有人格尊严、民族风俗习惯得到尊重的权利，享有个人信息依法得到保护的权利。

(5)《消费者权益保护法》第五十条

经营者侵害消费者的人格尊严、侵犯消费者人身自由或者侵害消费者个人信息依法得到保护的权利的，应当**停止侵害**、**恢复名誉**、**消除影响**、**赔礼道歉**，并**赔偿损失**。

(6)《消费者权益保护法》第五十一条

经营者有侮辱诽谤、**搜查身体**、侵犯人身自由等侵害消费者或者其他受害人人身权益的行为，造成严重精神损害的，受害人可以要求**精神损害赔偿**。

案例解读： 公民依法享有名誉权和人格尊严，并受法律保护，任何公民和法人都不得以侮辱、诽谤等方式加以侵害。这家超市因顾客穿越店门时引起警报器鸣响而怀疑其有从超市中带出未付款物品的行为，在这种情况下，**超市无权单方面将顾客本人或财产扣留**，或**对顾客的人身财产进行检查**，只有国家法定机关在法定条件下并经法定程序才能实施这样的行为。超市对小方进行的搜查，非法律所赋予，超市也无权要求小方承担配合的义务。所以，超市保安单方面将小方带入办公室并对其进行人身检查的行为侵犯了小方的人格尊严权和人身自由权。

案例 1： 2003 年 6 月，张某到某购物中心所属的超级市场购物，当张某购物要离开时，超市的保安人员怀疑张某拿了超市的东西，要求张某留下。随后，超市保安对张某进行盘问并对张某进行搜身，结果一无所获。张某因此侮辱行为受到很大刺激。为讨回公道，张某向当地人民法院起诉，要求被告某购物中心赔礼道歉，消除影响，并赔偿损失。一审法院经审理认为，消费者的人格尊严受法律保护，购物中心作为经营者，应当维护消费者的人格尊严，超市对张某的搜身行为既是对张某人格尊严的严重侵犯，也是对购物中心应当承担的维护消费者人格尊严义务的违反，故判决购物中心向张某赔礼道歉，消除影响，并赔偿张某经济损失 1 000 元。

案例 2：小明为某高校在读学生，课余时间在一家考研培训机构做兼职。一日，小明在其微信工作群中付费要求他人转发与兼职机构有竞争关系的另一家机构的不实负面信息。随后另一家机构发现相关情况，将小明告上法庭，要求赔礼道歉并赔偿经济损失。法院审理认为，小明明知此为虚假事实，仍在其微信工作群中有偿要求他人转发朋友圈，损害了该机构的声誉和形象，应当承担相应的法律责任，判决小明连续 60 天在微信朋友圈发表声明或致歉信，并向造成不良影响的机构支付赔偿款 6 000 元。

（六）隐私权保护

女大学生小王与小张是一对情侣，后因性格不合小王提出分手。然而，小张却拿出恋爱期间偷拍小王的私密照片，声称如果分手，就将这些照片散播到网上，给小王的名誉带来损害。小王十分害怕，她不想自己的私密照片被公之于众，但又不想屈服于小张的威胁。

小鲤提问： 小王应当如何维护自己的权利？

小法回答： 偷窥、偷拍、窃听、散布他人隐私都是违法行为。如果有人偷拍别人隐私并以此威胁他人，受害人可以报警，向公安机关申请立案调查。此外，小王还可以通过法律途径，以诉讼的方式捍卫自己的隐私权，要求对方删除私密照片并赔偿。

法律规范：

(1)《治安管理处罚法》第四十二条

有下列行为之一的，处**五日以下拘留**或者**五百元以下罚款**；情节较重的，处五日以上十日以下拘留，可以并处五百元以下罚款：

（一）写恐吓信或者以其他方法威胁他人人身安全的；

（二）公然侮辱他人或者捏造事实诽谤他人的；

（三）捏造事实诬告陷害他人，企图使他人受到刑事追究或者受到治安管理处罚的；

（四）对证人及其近亲属进行威胁、侮辱、殴打或者打击报复的；

（五）多次发送淫秽、侮辱、恐吓或者其他信息，干扰他人正常生活的；

（六）**偷窥、偷拍、窃听、散布他人隐私**的。

（2）《民法典》第一千零三十二条

自然人享有隐私权。任何组织或者个人不得以刺探、侵扰、泄露、公开等方式侵害他人的隐私权。

隐私是自然人的私人生活安宁和不愿为他人知晓的私密空间、私密活动、私密信息。

案例解读： 自然人享有隐私权，偷窥、偷拍、窃听、散布他人隐私，都是违法行为，行为严重的将受到拘留与罚款。遇到这样的事情，同学们一定不要害怕，要勇敢地拿起法律武器保护自己。我们在享受丰富多彩的大学生活时，要以互相尊重作为交往的前提，即使出现冲突，也要坚守道德与法律的底线。此外，日常生活中，同学们要注意保护个人隐私，从日常小事做起，如平时在宿舍休息时及时关闭窗帘、个人的隐私物品要锁到柜子里等。

案例： 董某（女）与黄某（男）曾是恋人。黄某在双方发生关系时用手机拍摄了董某的裸照及隐私视频。二人分手后，黄某仍保存着这些照片及视频。之后，黄某将董某的裸照发给一个朋友。事发后，公安机关将黄某传唤到派出所进行调查处理。黄某承认了自己的行为，并按办案民警要求删除了保存的裸照及隐私视频。

随后，市公安局港北分局决定对黄某处罚行政拘留五日。此外，董某以侵害其隐私权为由将黄某诉至法院。法院最终判决被告黄某赔偿原告董某精神损害抚慰金 10 000 元。

（七）不当言论/网络暴力

某高校大学生小李和小张原是一对情侣，后因性格不合，小李提出分手。分手后小张先后在学校校园墙、朋友圈和个人微博对小李进行人身攻击，并散布大量谣言，给小李的学习、生活造成不良影响。其间，小李多次联系小张要求其删除信息并赔礼道歉，均遭到拒绝。

小鲤提问： 小李应当如何维护自己的合法权益？

小法回答： 小李可以办理保全证据公证，要求小张立即停止造谣，删除相关信息，并公开向自己道歉。如果小张拒不履行，则可以通过司法途径维护自己的名誉。

法律规范：

（1）《民法典》第九百九十五条

人格权受到侵害的，受害人有权依照本法和其他法律的规定请求行为人承担民事责任。受害人的停止侵害、排除妨碍、消除危险、消除影响、恢复名誉、赔礼道歉请求权，不适用诉讼时效的规定。

（2）《民法典》第一千一百九十四条

网络用户、网络服务提供者利用网络侵害他人民事权益的，应当承担侵权责任。法律另有规定的，依照其规定。

(3)《刑法》第二百四十六条

【侮辱罪、诽谤罪】以暴力或者其他方法**公然侮辱他人**或者**捏造事实诽谤他人**，情节严重的，处**三年以下有期徒刑、拘役、管制**或者**剥夺政治权利**。

前款罪，告诉的才处理，但是严重危害社会秩序和国家利益的除外。

(4)《关于办理利用信息网络实施诽谤等刑事案件适用法律若干问题的解释》第二条

利用信息网络诽谤他人，具有下列情形之一的，应当认定为刑法第二百四十六条第一款规定的“情节严重”：

（一）同一诽谤信息**实际被点击、浏览次数达到五千次以上**，或者**被转发次数达到五百次以上**的；

（二）造成被害人或者其近亲属精神失常、自残、自杀等严重后果的；

（三）二年内曾因诽谤受过行政处罚，又诽谤他人的；

（四）其他情节严重的情形。

案例解读：网络并不是法外之地，任何人在网络上随意传播谣言，终将会受到法律的制裁。依据我国相关法律的规定，在网络上制造和传播谣言的，依据情节承担不同程度的法律责任，不构成犯罪的进行治安管理处罚，构成犯罪的追究刑事责任。本事例中，小张为“报复”小李，在互联网上散布谣言，严重影响了小李的学习和生活，给小李造成了名誉损害。“法律是打击网络谣言的终极武器”。小李可以到法院起诉，要求赔礼道歉、恢复名誉、赔偿损失。

小鲤提示： 青年大学生主要从互联网获取和传播信息，对网络的依赖比较强，正因如此，大学生也应当学会在纷繁错杂的网络信息中辨别网络谣言，拒绝网络谣言。

生活中，当发现自己被造谣，名誉受到负面影响时，首先要做的是收集证据，可以选择办理“公证”来固定证据。如果认为造谣传谣者的行为危害极大，甚至已经使用了暴力、威胁等方式，则可以选择报警，请公安机关根据实际情况追究造谣者与传谣者的行政、刑事责任。

案例 1： 广东某大学学生赵某晨在长达半年的时间里，伪造同学大量不雅聊天记录和虚假裸照，并将这些内容在线上线下大肆传阅。该行为严重影响了受害同学的学习和生活，给当事人造成了名誉损害。2021 年 6 月 11 日，珠海警方对赵某晨予以行政拘留三日处罚。同年 6 月 17 日，其大学官方微博发布情况通报，根据学校的《学生处分管理规定》第十四条第四款，学校对赵某晨给予开除学籍处分。

案例 2： 2022 年 6 月 10 日，西南某大学学生刘某在微信朋友圈就“唐山烧烤店打人事件”发表不当言论，称“感觉这个人运气不是很好，被人录下来发出来了，其实喝醉了的男人就这样，我觉得我要是喝大了跟他差不多”“同情弱者是人的本性，但表达同情的同时也劝她反思一下为什么中奖的是她”，造成不良影响。同年6月11日，其所在大学官方账号发布情况通报，根据学校学生违纪处分办法相关规定，学校经研究决定，给予刘某警告处分。

（八）家庭抚养权益

小张的父母离婚了，法院判决小张由母亲抚养。离婚后，小张母亲向其父亲索要抚养费。然而，小张的父亲以未取得抚养权为由，拒绝支付抚养费，不承担教育和抚养的责任。

小鲤提问： 小张的父亲可以这样做吗？如果不可以，小张应当如何维权？

小法回答： 子女为父母共同所有，即使父母离婚，双方依然是孩子的父母，未取得抚养权一方依然要承担教育和抚养孩子的责任。

法律规范：

（1）《民法典》第一千零八十五条

离婚后，子女由一方直接抚养的，另一方应当负担部分或者全部抚养费，负担费用的多少和期限的长短，由双方协议；协议不成的，由人民法院判决。

前款规定的协议或者判决，不妨碍子女在必要时向父母任何一方提出超过协议或者判决原定数额的合理要求。

(2)《最高人民法院关于人民法院审理离婚案件处理子女抚养问题的若干具体意见》第七条

子女抚育费的数额，可根据子女的实际需要、父母双方的负担能力和当地的实际生活水平确定。

有固定收入的，抚育费一般可按其月总收入的百分之二十至三十的比例给付。负担两个以上子女抚育费的，比例可适当提高，但一般不得超过月总收入的百分之五十。

无固定收入的，抚育费的数额可依据当年总收入或同行业平均收入，参照上述比例确定。有特殊情况的，可适当提高或降低上述比例。

案例解读： 抚养孩子是每个家长的义务。父母离婚后，抚养费并不会因为抚养权的裁判而取消，抚养费的计算，也并非简单地看对方能承担多少，还要结合抚养孩子的开销来确定。《民法典》规定，子女抚养费先由双方协商，协商不成由法院判决。本事例中，小张向父亲索要抚养费的行为是合理合法的，小张父亲也有义务向小张支付足量的生活费。在数目上，当父母有固定收入时，小张可按照其月总收入的20％～30％索要抚养费，父母没有固定收入的，可根据当年总收入或同行业的平均收入确定抚养费。如果小张的父亲拒不支付抚养费，小张可以通过诉讼手段维护自己的权利，向法院提起诉讼。

案例：2014 年，陈某某与刘某某在抚松县民政局登记结婚，婚后生育女儿陈某甲。女儿出生不久，刘某某便回娘家居住，夫妻感情确已破裂，二人遂离婚。为保护妇女儿童的合法权益，法院将女儿判给母亲刘某某抚养，陈某某每月承担女儿抚养费 800 元，至其独立生活时止。然而，陈某某未及时支付抚养费，后刘某某通过法律手段，申请法院强制执行。

五、财产安全：智守人生能量的金钥匙

（一）盗窃

小张为某高校一名大二学生，因多次偷拿宿舍楼下其他同学购买的外卖被刑拘。监控显示，其近三个月的偷拿外卖记录多达十几次。小张家境贫寒，正准备考研，为了供他读大学、考研究生，家里其他三个兄弟姐妹都辍学了。据他自己交代，第一次偷拿外卖时很害怕，因为没人发现，就偷成习惯了。该事件在网上引起热议，部分网友表示同情，认为偷外卖的金额没有达到盗窃罪的量刑起算标准。

小鲤提问： 小张的行为是否构成犯罪？

小法回答： 小张的行为涉嫌构成盗窃罪，应当承担法律责任，其家境贫寒等理由不能成为违法犯罪的借口。

法律规范：

《刑法》第二百六十四条

【盗窃罪】盗窃公私财物，数额较大的，或者**多次盗窃**、入户盗窃、携带凶器盗窃、扒窃的，处**三年以下有期徒刑**、**拘役**或者**管制**，并处或者单处**罚金**；数额巨大或者有其他严重情节的，处三年以上十年以下有期徒刑，并处罚金；数额特别巨大或者有其他特别严重情节的，处十年以上有期徒刑或者无期徒刑，并处罚金或者没收财产。

案例解读：一般的盗窃罪为数额犯，需要达到一定金额才构成犯罪。但小张有记录可查的偷外卖记录在三个月内就有十几次，符合“多次盗窃”的犯罪特征。这种情形与盗窃的数额没有关系，在多次盗窃既遂的情况下，累计数额无须达到较高标准即可构成犯罪。正如小张所说，因为一开始没被发现，所以就偷成习惯了，但任何理由都不能成为犯罪的借口。

小鲤提示：“勿以恶小而为之”。大学生既要树立正确的金钱观和消费观，同时也要提高防范意识，保管好自己的财物。大学生如确实因经济困难导致生活压力大，可以通过国家助学贷款、勤工助学、奖助学金等多种形式获得经济帮助，帮助自己完成学业。

案例1：刘某自2018年12月15日至2018年12月22日，共计12次盗走美团骑手停放在湘潭市某楼下的电动车尾箱的外卖，且证人熊某的证词证实了刘某在偷外卖时被抓获及外卖多次被盗等情况。法院审理认为，刘某以非法占有为目的，多次盗窃他人财物,数额较大,其行为已构成盗窃罪。最终根据被告人犯罪的事实、性质、情节、认罪态度,法院判处刘某有期徒刑一年,并处罚金人民币 5 000 元。

案例 2: 2023 年 10 月 28 日,乔某某在郑州市某广场楼下门口取餐点盗窃价值 39.8 元的外卖一份,11 月 6 日又盗窃价值 34 元的外卖一份,12 月 3 日又盗窃价值 31.1 元的外卖一份。法院审理认为,乔某某以非法占有为目的,多次盗窃他人财物,其行为已构成盗窃罪,应依法惩处。同时,乔某某曾因盗窃被判处刑罚及行政处罚,在量刑时酌情从重处罚。因此,法院判决乔某某犯盗窃罪,判处拘役三个月,并处罚金人民币 1 000 元,同时责令其退赔被害人物质损失。

(二) 侵占

大学生小颜某日晚到学校公共浴室洗澡,将衣服、手机、手提包等财物锁入 5 号柜中,然后进入沐浴区。半小时后,小颜洗完澡匆忙赶去上课,遂将手提包遗忘在柜中。这时工作人员小李为交班需要,在准备打开存放便服的 6 号柜时,发现了 5 号柜中的手提包,遂将其中价值 2 万元的项链拿走,并迅速逃离现场。

小鲤提问: 小颜应当如何维护自己的合法权益?

小法回答: 小颜可以要求小李返还其项链,如果小李拒不返还，可以向人民法院提起诉讼。

法律规范：

《刑法》第二百七十条

【侵占罪】将**代为保管的他人财物非法占为己有，数额较大，拒不退还**的，处**二年以下有期徒刑**、**拘役**或者**罚金**；数额巨大或者有其他严重情节的，处二年以上五年以下有期徒刑，并处罚金。

将他人的**遗忘物**或者**埋藏物非法占为己有，数额较大，拒不交出**的，依照前款的规定处罚。

本条罪，告诉的才处理。

案例解读：小李将小颜遗忘的价值2万元的项链非法占为己有，数额较大。若小李能够及时返还给小颜，则不构成侵占罪；若小颜要求小李返还时，小李拒不返还，则小李的行为就构成《刑法》中的侵占罪。

小鲤提示：在平时生活中，大学生要注意保管好自己的财物，特别是**随身携带的贵重物品，如钱包**、**手机**等。当发现自己的财物被他人非法占有时，可以通过向老师、学校领导报告等方式及时要求对方返还，如果对方拒不返还且态度强硬，则可以通过法律途径来解决，运用法律武器保护自己。

案例：2013年4月13日14时许，朱某某在榆林市某乡马扎梁村某集团建设工地临时库房找工具时,发现地板砖箱上有一只橘黄色钱包(内装现金人民币 6 257 元)。趁无人之际,其将该钱包装进自己的裤兜内,后又将该钱包转移至自己搁放在窗户旁的上衣兜里。随后钱包的主人袁某某来到仓库寻找钱包未果,便询问朱某某等人是否捡到其钱包,被询问人均回答未捡到,袁某某当即打电话报警。民警赶到后,在朱某某上衣兜内找到钱包。经清点,钱包内装有现金人民币 6 257 元,民警便还给袁某某。法院最终判决朱某某构成侵占罪。

(三)诈骗与防范

1. 网购诈骗

“双十一”活动期间,某大学大一学生小王在网上购买了几件商品。在商品运输时,小王接到了“客服”的电话,称其中奖了,需要小王登录某网站兑奖。随后,小王登录网站,输入了自己的银行卡号及密码,但他一直未收到奖金,并发现自己卡里的 9 000 元被转走了,这时候小王才知道自己被骗了。

小鲤提问: 小王发现自己被骗后应当怎么做?

小法回答: 小王可以联系银行客服寻求补救措施,及时拨打 110 报警,并注意保存转账汇款凭证,同时应当及时向学校报告相关情况。

法律规范：

(1)《刑法》第二百六十六条

【诈骗罪】诈骗公私财物，数额较大的，处**三年以下有期徒刑、拘役**或者**管制**，并处或者单处**罚金**；数额巨大或者有其他严重情节的，处三年以上十年以下有期徒刑，并处罚金；数额特别巨大或者有其他特别严重情节的，处十年以上有期徒刑或者无期徒刑，并处罚金或者没收财产。本法另有规定的，依照规定。

(2)《关于办理诈骗刑事案件具体应用法律若干问题的解释》第一条

诈骗公私财物价值**三千元至一万元以上**、三万元至十万元以上、五十万元以上的，应当分别认定为刑法第二百六十六条规定的“数额较大”、“数额巨大”、“数额特别巨大”。

各省、自治区、直辖市高级人民法院、人民检察院可以结合本地区经济社会发展状况，在前款规定的数额幅度内，共同研究确定本地区执行的具体数额标准，报最高人民法院、最高人民检察院备案。

案例解读：本事例中，“客服”通过网络窃取当事人购物信息，冒充客服拨打电话，谎称订单存在问题或中奖等理由，让小王登录“钓鱼”网站，套取其银行卡卡号和密码后转走其存款。行为人以非法占有小王钱财为目的，通过虚构事实、隐瞒真相的方式，骗取他人财物，数额较大，其行为已构成诈骗罪。

小鲤提示： 大学生在生活中不要随意提供个人信息，不要轻易汇款，网络购物时务必认准官方购物平台，一旦遇到网购诈骗，应及时向公安部门报案，请求公安机关处理。

2. 刷单诈骗

一天，某高校大学生小张收到一条手机推送信息，称刷单能拿佣金。为补贴生活费，小张便主动添加对方微信。对方将小张拉进一个微信群，他根据群内“老师”的指示进行操作，赚取了约 200 元。对方继续诱导小张刷单，并称完成三笔优质单后会将三笔本金返还到其银行卡内。小张先后刷单 5.1 万元，一直未收到返还现金，随后才意识到被骗。

小鲤提问： 小张应当如何维权？

小法回答： 小张应当及时拨打 110 报警，并向学校报告相关情况。本事例为常见的刷单诈骗套路，不法分子通过 QQ、微博等平台发布虚假网络兼职信息，并声称给予高额佣金，先做成几单小额业务骗取当事人信任，再突然提高刷单金额，受害人刷单后，不法分子便不再返还本金及佣金并将受害人拉黑。

法律规范：

(1)《刑法》第二百六十六条

【诈骗罪】诈骗公私财物，数额较大的，处三年以下有期徒刑、

拘役或者**管制**，并处或者单处**罚金**；数额巨大或者有其他严重情节的，处三年以上十年以下有期徒刑，并处罚金；数额特别巨大或者有其他特别严重情节的，处十年以上有期徒刑或者无期徒刑，并处罚金或者没收财产。本法另有规定的，依照规定。

(2)《中华人民共和国反不正当竞争法》第八条

经营者不得对其商品的性能、功能、质量、销售状况、用户评价、曾获荣誉等作虚假或者引人误解的商业宣传，欺骗、误导消费者。

经营者不得通过**组织虚假交易**等方式，帮助其他经营者进行虚假或者引人误解的商业宣传。

案例解读： 刷单形成了强大的网络黑色产业链，严重侵犯了消费者的利益。在接到刷单的信息时，大家一定要提高警惕，勿贪小便宜，不要因小失大。大学生应当增强防范意识，保护好个人信息，主动了解最新诈骗手段，增强判断能力，不给犯罪分子以可乘之机。

3. 冒充熟人诈骗

某天，大二学生小李在 QQ 上收到了高中同学“小周”的消息。“小周”称，自己的父亲遇到了车祸，现在医院抢救，急需用钱，能不能借 8 000 元应急，事后立刻还钱。小李想打电话询问情况，被“小周”以其他理由拒绝。小李以为情况紧急，立刻转账 8 000 元到对方账户。当小李想找他还钱时，却发现对方已经把他拉黑了。

小鲤提问：小李应当如何维权？“小周”应当为其行为承担何种责任？

小法回答：小张应当及时拨打110报警，并向学校报告相关情况。“小周”以非法占有为目的，采用虚构事实的方法，骗取公民财物，数额较大，其行为已构成诈骗罪。

法律规范：

(1)《刑法》第二百六十六条

【诈骗罪】诈骗公私财物，数额较大的，处**三年以下有期徒刑**、**拘役**或者**管制**，并处或者单处**罚金**；数额巨大或者有其他严重情节的，处三年以上十年以下有期徒刑，并处罚金；数额特别巨大或者有其他特别严重情节的，处十年以上有期徒刑或者无期徒刑，并处罚金或者没收财产。本法另有规定的，依照规定。

(2)《关于办理诈骗刑事案件具体应用法律若干问题的解释》第一条

诈骗公私财物价值**三千元至一万元以上**、三万元至十万元以上、五十万元以上的，应当分别认定为刑法第二百六十六条规定的“数额较大”、“数额巨大”、“数额特别巨大”。

各省、自治区、直辖市高级人民法院、人民检察院可以结合本地区经济社会发展状况，在前款规定的数额幅度内，共同研究确定本地区执行的具体数额标准，报最高人民法院、最高人民检察院备案。

案例解读： 本事例中，“小周”以非法占有为目的，通过QQ采取虚构事实、隐瞒真相的方式，骗取他人财物，数额较大，其行为已构成诈骗罪。

小鲤提示： 生活中，骗子会通过获取被害人好友信息，变更名称及头像，使用微信、QQ等软件，利用遇到困难、不便说的事情等借口，要求被害人向其转账。被害人看到聊天对象为其亲友、同学、老师等，信以为真，汇款后才发现被骗。大家平时要注意对本人网络信息的保护，以防被盗，一旦被盗要及时向软件运营方报案。同时，**在收到亲友网上发送的要求转账之类的信息时，应认真通过电话、视频等形式进行核实，切不可贸然汇款！**

4. 信用卡诈骗

小红进入大学后，因为兴趣爱好认识了一些家境很好的朋友。在朋友们的影响下，家境一般的小红也开始在衣着服饰上讲究名牌，但是其父母并不赞同在名牌服饰上多花钱。为了不让朋友们“看不起”，一个月生活费仅2 000元的小红在6家银行办理了信用卡并分别透支了5 000元，购买了价值3万元的名牌包。还款期限迫近，小红完全无力偿还，但是又不敢告诉父母。

小鲤提问： 小红若无法及时还款，可能要承担什么后果？小红应当如何正确处理？

小法回答：信用卡逾期将会产生利息和滞纳金，同时产生不良记录，影响小红的征信。此外，根据数额以及具体情节，经催收后仍拖欠不还，则可能构成信用卡诈骗罪，承担刑事责任。在此情况下，小红应当及时将情况告诉父母，及时偿还信用卡欠款，同时养成良好消费习惯。

法律规范：

《刑法》第一百九十六条

【信用卡诈骗罪；盗窃罪】有下列情形之一，进行信用卡诈骗活动，数额较大的，处**五年以下有期徒刑**或者**拘役**，并处**二万元以上二十万元以下罚金**；数额巨大或者有其他严重情节的，处五年以上十年以下有期徒刑，并处五万元以上五十万元以下罚金；数额特别巨大或者有其他特别严重情节的，处十年以上有期徒刑或者无期徒刑，并处五万元以上五十万元以下罚金或者没收财产：

（一）使用伪造的信用卡，或者使用以虚假的身份证明骗领的信用卡的；

（二）使用作废的信用卡的；

（三）冒用他人信用卡的；

（四）**恶意透支**的。

前款所称恶意透支，是指持卡人以非法占有为目的，超过规定限额或者规定期限透支，并且经发卡银行催收后仍不归还的行为。

盗窃信用卡并使用的，依照本法第二百六十四条的规定定罪处罚。

案例解读：信用卡逾期产生的最直接的后果是需要缴纳一定的滞纳金以及利息，并影响个人征信。当欠款达到一定数额，银行可能会选择向法院起诉，由法院判决偿还并强制执行。此外，持卡人以非法占有为目的，超过规定限额或者期限透支，并且经银行两次催收后超过三个月仍不归还的，同时透支数额在 1 万元以上的，银行就可以追究持卡人的刑事责任。

小红明知自己的生活费根本无法负担 3 万元的借款，仍选择向多家银行申请信用卡用于消费。若小红此后选择隐瞒欠款 3 万元的事实，无视银行的催收短信或电话，或采取更换手机号等方式逃避催收，就可能以信用卡诈骗的罪名被起诉，从而承担刑事责任。

小鲤提示：**大学生日常消费应当控制在自己的能力范围之内**，不要过度追求物质享受。如果已经发生信用卡逾期的情况，最好的方法就是主动说明情况，并且及时将欠款补上，**千万不要存在逃避还款的心理！**

案例 1：2016 年 6 月初，陈某纠集范某、高某、叶某、熊某等人结成诈骗团伙，发送虚假中奖信息，诱骗收到信息者登录“钓鱼网站”填写个人信息认领奖品，后以兑奖需要交纳保证金等为由，骗取被害人财物，再通过冒充律师、法院工作人员的方式，以被害人未按要求交纳保证金或领取奖品构成违约为由，恐吓被害人缴纳手续费。2016 年 6 月至 8 月底，该团伙共骗取包括学生蔡某在内的 63 人共计 681 310 元，骗取其他被害人财物共计 359 812.21 元。蔡某得知受骗后，于同年 8 月 29 日跳海自杀。

广东省高级人民法院认为，陈某等人以非法占有为目的，结成电信诈骗犯罪团伙，采用虚构事实的方法，通过利用“钓鱼网站”链接、发送诈骗信息、拨打诈骗电话等手段针对不特定多数人实施诈骗，骗取多人财物并造成一人自杀，诈骗数额特别巨大，情节特别严重，其行为均已构成诈骗罪。据此，法院以诈骗罪判处被告人陈某无期徒刑，剥夺政治权利终身，并处没收个人全部财产；以诈骗罪判处被告人范某等人十五年至十一年不等有期徒刑。

案例 2: 2017 年 2 月至 3 月，苏某、陈某波、陈某贵结伙虚构垫资进行淘宝刷单兼职可以返还本金及获取佣金，诈骗了多个省、市共 15 人的钱财，涉案金额共计 12.9 万余元。苏某获取兼职人员信息后，冒充需要刷单的淘宝商家等，发送高薪聘请信息。后苏某、陈某波、陈某贵在 QQ 上与被害人聊天过程中，承诺被害人垫资进行淘宝刷单兼职以提高淘宝网商家销售量后可以返还本金及获取佣金，诱使被害人扫描他们提供的二维码进行支付。而二维码实际上是三人事先准备的各类售卖手机充值卡、网络游戏充值卡的支付二维码。充值卡被购买后，苏某再将充值卡进行销赃套取现金。

法院审理后认为，苏某、陈某波、陈某贵诈骗金额巨大，三人的行为已构成诈骗罪。最终，苏某犯诈骗罪，被判处有期徒刑三年十个月，并处罚金人民币 20 000 元；陈某波、陈某贵犯诈骗罪，被判处有期徒刑二年六个月，并处罚金人民币 10 000 元。

案例 3： 2014 年 8 月至 11 月，被告人罗某成、罗某胜利用在互联网上盗取的 QQ 号码或者利用将其申请的 QQ 号码信息更改为被害人亲属的 QQ 信息等方式，冒充被害人亲属，以“亲友出车祸急需借钱救治”等理由，诱骗被害人汇款至其指定账户。两人用此种手段实施诈骗二起，骗得金额共计 65 000 元。

法院认为，被告人罗某成、罗某胜以非法占有为目的，通过 QQ 采取虚构事实、隐瞒真相的方式，骗取他人财物，数额巨大，其行为均已构成诈骗罪；罗某胜明知是犯罪所得而予以转移，其行为还构成掩饰、隐瞒犯罪所得罪。法院据此判处被告人罗某成有期徒刑四年，并处罚金人民币 10 000 元；判处被告人罗某胜有期徒刑二年，并处罚金人民币 5 000 元。

案例 4： 2012 年 3 月 19 日，路某平在中国银行某支行申请了一张中国银行白金信用卡，同年 4 月 10 日开始使用此卡在大连市中山区等多地透支消费。截至2015年8月11日，路某平明知没有还款能力而大量透支本金人民币667 232.72元，并且经银行书面、电话多次催收，拒不还款，已经超过3个月。2016年5月30日，路某平被抓获归案。到案后，路某平主动向此信用卡内偿还人民币117 000元。

法院认为，路某平以非法占有为目的，恶意透支信用卡，数额巨大，其行为侵犯了国家金融管理秩序，构成信用卡诈骗罪。路某平到案后主动偿还了部分赃款，依法酌情予以从轻处罚。法院据此判处路某平有期徒刑七年，并处罚金人民币300 000元。

（四）网络借贷/校园贷

最近，小李发现不少大学同学都买了新出的某款手机。为了赶潮流，他也想买一部，但是没有足够的钱。恰好前几天，他在宿舍时有个自称大三学长的人上门宣传他们新成立的贷款平台。在学长的劝说下，小李立刻借贷5 000元用于购买手机。一个月后，小李发现连本带息竟要还10 000多元。此外，学长告诉小李，之前已经签好了借款合同，如果真不还钱平台就会到宿舍催债。

小鲤提问： 这种借贷合法吗？

小法回答： 这种借贷不合法，属于不良校园贷款中较为常见的“高利放贷”情形。

法律规范：

(1)《民法典》第六百八十条

禁止高利放贷，借款的利率不得违反国家有关规定。

借款合同对支付利息没有约定的，视为没有利息。

借款合同对支付利息约定不明确，当事人不能达成补充协议的，按照当地或者当事人的交易方式、交易习惯、市场利率等因素确定利息；**自然人之间借款的，视为没有利息**。

(2)《关于审理民间借贷案件适用法律若干问题的规定》第二十四条

借贷双方**没有约定利息**，出借人主张支付利息的，人民法院不予支持。

自然人之间借贷对**利息约定不明**，出借人主张支付利息的，人民法院不予支持。除自然人之间借贷的外，借贷双方对借贷利息约定不明，出借人主张利息的，人民法院应当结合民间借贷合同的内容，并根据当地或者当事人的交易方式、交易习惯、市场报价利率等因素确定利息。

(3)《关于审理民间借贷案件适用法律若干问题的规定》第二十五条

出借人请求借款人按照合同约定利率支付利息的，人民法院应予支持,但是双方约定的利率超过**合同成立时一年期贷款市场报价利率四倍**的除外。

前款所称"一年期贷款市场报价利率",是指中国人民银行授权全国银行间同业拆借中心自 2019 年 8 月 20 日起每月发布的一年期贷款市场报价利率。

案例解读: 根据《民法典》和最高人民法院的规定,民间借贷约定的利率超过一年期贷款市场报价利率四倍的,超过部分认定为高利贷,不受法律保护,债务人可以不还。但是对于本金和合理的利息,债务人还是有义务偿还的。

本事例中,借贷平台要求的利息显然过高,小李只需要偿还法律规定的借款利率范围内的利息以及本金即可。根据 2020 年出台的《最高人民法院关于审理民间借贷案件适用法律若干问题的规定》,双方约定的利率不得超过合同成立时一年期贷款市场报价利率四倍。2020 年 8 月 20 日之前成立的借贷合同,应适用 2015 年出台的《最高人民法院关于审理民间借贷案件适用法律若干问题的规定》。

小鲤提示: 不良校园贷往往伴随着暴力催债、流氓催债等情形,若在催债过程中,借贷平台使用不合理的催债方式致使小李的人身安全受到威胁,根据具体情节,小李可以追究平台人员的侵权责任甚至刑事责任。因此若受到不良借贷平台的威胁,同学们应当及时寻求老师或家长的帮助，同时注重人身安全，学会用法律保护自己。当然**最安全的做法是远离这些非正规的借贷途径**，若是真的需要用钱，可以选择向父母说明情况或者通过**国家助学贷款**等正规途径借款。

案例1：2011年3月17日，魏某因资金周转困难向韩某借款50 000元，约定月利率为1.5%，并向韩某出具借据。借款后，魏某偿还了11 000元的利息，对于剩余部分，韩某多次向魏某催要，但魏某一直以各种理由未予清偿，故韩某将魏某诉至法院。

法院认为，出借人的合法权益受法律保护，债务人应按约定或者法律规定履行还款义务。判决魏某向韩某偿还借款本金50 000元及利息（2011年3月17日至2020年8月19日之间的利息按照1.5%的月利率计算，并扣除已偿还的11 000元利息，2020年8月20日到借款返还之日的利息按照合同成立时一年期贷款市场利率的四倍进行计算）。

案例2：2019年4月21日，江西某大学生接到自称“小米金融信息服务有限公司”电话，在对方的指引下，其通过支付宝和其他三个App累计借贷22 000元。之后该学生意识到可能被骗，立即向班主任老师和学校报告，并向当地派出所报案。在学校帮助下，经公安部门介入，该同学最终无息偿还了借款。

（五）虚拟财产保护

小李是一名大二的学生，平时喜欢通过打游戏来消遣，因此有很多高级装备。一日，小李将自己的游戏账号出借给小明使用，并约定一周后归还。但一周后小明拒不归还，并称游戏账号被盗了。

小鲤提问： 小李是否有权要求小明返还装备或赔偿损失？

小法回答： 有权。游戏装备属于网络虚拟财产，也是受法律保护的。即使小明的账号真的被盗，也不能免除其负有返还游戏财产的法律责任，小明应当赔付小明损失，损失数额以小李购买游戏装备时实际支出的数额为准。

法律规范：

（1）《民法典》第一百二十七条

法律对数据、网络虚拟财产的保护有规定的，依照规定。

（2）《民法典》第一千一百八十四条

侵害他人财产的，财产损失按照损失发生时的市场价格或者其他合理方式计算。

案例解读： 玩家玩游戏时，其获得的游戏等级和装备均需要花费时间或者使用货币购买，因此这些虚拟的“武器装备”是有价值的无形财产，法律对网络虚拟财产的保护持肯定态度。本事例中，小李将游戏账号借给小明无偿使用，双方借用关系成立。借用结束后，小明拒不归还，给小李造成了实际损失，小明应当对小李进行赔偿。

案例：齐某、李某均为某大型游戏的玩家。2024年1月26日，齐某将其所有的名为“龙某宝链”的游戏装备交易至李某处，后该装备由李某控制。该游戏内装备的正常交易流程为，两个游戏角色面对面，打开装备栏，将即将交易的游戏装备放入装备栏，点击确认。因此，齐某表示，当时李某与玩家“杀戮”正在进行PK，两名角色站位较近，齐某欲将案涉装备赠予玩家“杀戮”，因操作失误，交易至李某的账号内。

法院认为，案涉游戏装备属于网络虚拟财产，受法律保护。李某获取案涉游戏装备并无事实和法律依据，致使齐某遭受相应损失，李某获益与齐某受损之间具有因果关系，构成不当得利，应予返还。鉴于游戏装备现已不在李某账号内，客观上亦无返还可能性，法院判决李某赔偿齐某20 000元。

（六）抢劫

小李是一名大二的学生，家境较为贫困。在学校网络授课期间，没有配备电脑的小李借用班级同学的平板电脑上课，但不慎将其损坏。同学坚持要求小李赔偿，小李实在无力赔偿。情急之下，他在学校超市门口与一名女生擦肩而过时，临时起意，抓住该女生手上的提包，与女生互相拉扯后成功将提包抢走。随后在小李转头逃跑时，周围的几名男生将其拦住。

小鲤提问： 小李将要承担何种法律责任？

小法回答： 小李构成抢劫罪，将被追究刑事责任。

法律规范：

《刑法》第二百六十三条

【抢劫罪】以暴力、胁迫或者其他方法**抢劫公私财物**的，处**三年以上十年以下有期徒刑**，并处**罚金**；有下列情形之一的，处十年以上有期徒刑、无期徒刑或者死刑，并处罚金或者没收财产：

（一）入户抢劫的；

（二）在公共交通工具上抢劫的；

（三）抢劫银行或者其他金融机构的；

（四）多次抢劫或者抢劫数额巨大的；

（五）抢劫致人重伤、死亡的；

（六）冒充军警人员抢劫的；

（七）持枪抢劫的；

（八）抢劫军用物资或者抢险、救灾、救济物资的。

案例解读： 根据《刑法》第二百六十三条，抢劫罪是指以非法占有为目的，对财物的所有人、保管人当场使用暴力、胁迫或其他方法，强行将公私财物抢走的行为。本事例中，小李为了还清损坏同学平板电脑的赔偿金，一时情急，在超市门口将女生手上的提包抢走，符合抢劫罪的构成要件。同时，**抢劫罪的成立并不取决于金额大小，也无论是否抢劫得手，只要实施了抢劫行为，均构成抢劫罪**。因此，小李构成抢劫罪，将被追究刑事责任。

案例： 湖北某知名高校贫困学生何某因损坏同学的自行车无力赔偿，于是预谋抢劫。他在雄楚大街湖北某学院门前路段，在与一名正在打电话的女子擦肩而过之际，从背后抢夺她的提包。该女子立即转身拉住提包。两人争夺中，何某将女子拽倒在地，导致其脸部和腿部受伤。法院审理后，以抢劫罪判处何某有期徒刑3年，并处罚金3 000元。

（七）敲诈勒索

在校大学生小刘在社交平台上认识了一名女网友，几个星期之后便在网上确立了恋爱关系。后二人在视频裸聊过程中，对方将其裸照截图，并以曝光其裸照相威胁，多次向小刘索要钱财。小刘在其威胁下，先后给予对方钱财共计6 560元。

小鲤提问： 该女网友的行为是否构成犯罪？

小法回答： 该女网友的行为涉嫌构成敲诈勒索罪。本事例中，女网友利用小刘的裸照进行威胁，迫使小刘交出财物，属于故意非法索取他人财物，且金额较大，构成敲诈勒索罪。

法律规范：

(1)《刑法》第二百七十四条

【敲诈勒索罪】敲诈勒索公私财物，**数额较大或者多次敲诈勒索的**，处**三年以下有期徒刑**、**拘役**或者**管制**，并处或者单处**罚金**；数额巨大或者有其他严重情节的，处三年以上十年以下有期徒刑，并处罚金；数额特别巨大或者有其他特别严重情节的，处十年以上有期徒刑，并处罚金。

(2)《关于办理敲诈勒索刑事案件适用法律若干问题的解释》第一条

敲诈勒索公私财物价值**二千元至五千元以上**、三万元至十万元以上、三十万元至五十万元以上的，应当分别认定为刑法第二百七十四条规定的**"数额较大"**、"数额巨大"、"数额特别巨大"。

各省、自治区、直辖市高级人民法院、人民检察院可以根据本地区经济发展状况和社会治安状况，在前款规定的数额幅度内，共同研究确定本地区执行的具体数额标准，报最高人民法院、最高人民检察院批准。

案例解读：敲诈勒索是行为人以非法强索他人财物为目的，采用威胁、要挟、恫吓等手段，迫使被害人交出财物的行为。因此，该女网友的行为涉嫌构成敲诈勒索罪。敲诈勒索不仅侵犯了公共或私人财物的所有权，还危及他人的人身安全或者其他权益。

小鲤提示： 大学生在网上交友要注意保护好自己的隐私，保持警惕。如果遭遇敲诈勒索，应立即向学校或公安机关报告、报案，使不法分子受到应有的惩处，及时制止不法分子的继续侵害，最大限度地挽回已经受到的损失。

案例： 2021 年 1 月至 3 月间，路某到多家正规 KTV 消费时，偷拍 KTV 内部的场景及女性工作人员，事后将图片发布在微博上，配文称上述 KTV 内存在色情服务，并@公安机关微博账号。KTV 负责人员看到微博后，通过微博联系路某要求删帖，路某则以删帖相要挟向其索要钱财。

法院认为，路某以删除曝光他人负面信息的网帖为要挟，敲诈勒索他人人民币 52 000 元，其中既遂 22 000 元，未遂 30 000 元，其行为构成敲诈勒索罪，判处有期徒刑二年九个月，并处罚金 10 000 元。

（八）故意损坏财物

小凯与小华是某学校同班同学。一个星期五下午，两人在课间发生口角，直到上课铃声响后，两人才不欢而散。下课后，小凯始终觉得咽不下这口气，遂在骑自行车经过宿舍楼下时，一气之下撞向小华准备开回家的汽车。经鉴定，车身损坏价值为 32 781.9 元。

小鲤提问： 小凯的行为应当承担何种法律责任？

小法回答： 小凯的行为涉嫌构成故意损坏财物罪，应承担相应的刑事责任。

法律规范：

《刑法》第二百七十五条

【故意毁坏财物罪】故意毁坏公私财物，数额较大或者有其他严重情节的，处**三年以下有期徒刑、拘役**或者**罚金**；数额巨大或者有其他特别严重情节的，处三年以上七年以下有期徒刑。

案例解读：小凯冲动之下将小华的汽车撞坏，其行为符合故意损坏财物罪的犯罪特征，且金额较大，相关事实清楚，构成故意损坏财物罪。一时冲动之下犯的错误，也需要承担法律责任。

小鲤提示：在现实生活中，大学生常常会因为冲动而丧失理智，冷静下来之后又很后悔。因此，同学们要学会理性处理同学关系、师生关系等人际关系，学会控制好自己的情绪，有矛盾及时化解，有意见当面提出。若矛盾实在无法调解也可以向老师、家长寻求帮助，切勿因为冲动而犯下大错。

案例 1：谢某某从事婚庆工作，2014 年 5 月 1 日晚，其因业务价格与同行耿某发生口角并相互殴打，后谢某某打电话给同学李某阳、李某雨，将他们叫至耿某举办活动的文化艺术中心广场，三人将耿某租用的音响、灯具等器材毁坏。经鉴定，被毁坏的音响等设备价值 26 430 元。

法院认为，谢某某、李某阳、李某雨故意毁坏他人财物，造成他人财产损失，金额较大，其行为已构成故意毁坏财物罪。三人后与耿某达成和解协议，赔偿经济损失，取得谅解，依法从轻处罚。最终法院判决三人犯故意损坏财物罪，谢某某判处罚金人民币20 000元，李某雨判处罚金人民币5 000元，李某阳判处罚金人民币5 000元。

案例2：昌某某与周某某是某高校的大一新生。因生活习惯等问题，两人关系越发紧张，随后学校老师为其调换宿舍。然而，昌某某在离开寝室前收拾个人物品时，发现周某某的电脑摆在桌上。想起与周某某的恩怨，他拿起电脑重重地摔在地上，连续摔了几次后，甚至用脚去踩，直到显示屏与主机分离。随后，周某某报警。最终，昌某某被公安机关依法逮捕。

（九）帮助信息网络犯罪活动

小林是某高校一名大学生。某个周末，小林收到同学小赖的消息，小赖称找到一份兼职，只需要提供银行卡，其他的什么都不用做，就会有一笔酬劳。小林碍于面子不好意思拒绝，并且小赖说很多人都这么做，不会有什么问题的，于是小林便把自己的银行卡借了出去。

小鲤提问：小林将银行卡借给陌生人可能面临怎样的风险？

小法回答：将银行卡借给陌生人，可能会被用于非法资金转移活动，甚至触犯法律，受到刑事处罚。

法律规范：

《刑法》第二百八十七条之二

【帮助信息网络犯罪活动罪】明知他人利用信息网络实施犯罪，为其犯罪提供互联网接入、服务器托管、网络存储、通讯传输等技术支持，或者提供广告推广、支付结算等帮助，情节严重的，处三年以下有期徒刑或者拘役，并处或者单处罚金。

单位犯前款罪的，对单位判处罚金，并对其直接负责的主管人员和其他直接责任人员，依照第一款的规定处罚。

有前两款行为，同时构成其他犯罪的，依照处罚较重的规定定罪处罚。

案例解读： 帮助信息网络犯罪活动罪，（简称"帮信罪"）是2015年11月起施行的《中华人民共和国刑法修正案（九）》新增罪名，主要指行为人明知他人利用信息网络实施犯罪，为其犯罪提供互联网接入、服务器托管、网络存储、通信传输等技术支持，或者提供广告推广、支付结算等帮助的犯罪行为，是电信网络犯罪的重要"帮凶"。本事例中，小林和小赖提供的银行卡最终被用于非法资金转移活动，符合帮助信息网络犯罪活动罪的要件，于是二人迅速被警方抓捕。小林和小赖原本只想轻松赚点钱，却没想到自己的行为触犯了法律。

小鲤提示：“帮信罪”的表现形式有很多，其中**买卖和租赁银行卡、手机卡**是目前最常见的类型。除此之外，“帮信罪”还有很多行为类型，如提供或操作“GOIP”“猫池”“多卡宝”等设备，为电诈团伙搭建远程“机房”，利用社交媒体账号等方式为电诈团伙推广引流，为网络犯罪分子制作、封装、维护非法软件，职业“码农”团伙依附非法平台疯狂“跑分”等。

因此，大学生要牢记“**天上不会掉馅饼**”，不要为了蝇头小利出借银行卡、收钱码、手机卡等物品，切莫因小失大，掉入违法犯罪的陷阱。

案例1：2020年3月，某高校学生严某某为牟取非法利益，应许某的要求，办理中国邮政储蓄银行储蓄卡、中国农业银行储蓄卡后，将上述两张银行卡及绑定的电话卡及U盾提供给许某等人，为他人利用信息网络实施犯罪提供支付结算等帮助。2020年10月间，严某某提供的中国邮政储蓄银行储蓄卡收取被害人张某某因电信网络诈骗汇入的金额共计人民币450 000元、中国农业银行储蓄卡收取被害人秦某某因电信网络诈骗汇入的金额共计人民币165 176元。

法院经审理认为，严某某明知他人利用信息网络实施犯罪，仍为其提供支付结算等帮助，情节严重，其行为已构成帮助信息网络犯罪活动罪，判处有期徒刑八个月，缓刑一年，并处罚金人民币

5 000 元。

案例 2: 2023 年 11 月 30 日,王某某的同学谢某某在兼职群发现一条"办卡过户日结 600 元"的信息后,便联系了对方。王某某、谢某某与对方见面后,王某某按要求办理了一张电话卡给对方,并且使用其身份信息注册了一家公司,并在银行开办了对公账户及办理了网银、U 盾。随后,王某某将公司营业执照及开办的对公银行账户网银、U 盾等交予对方。2024 年 1 月 11 日,某公司被电信诈骗资金 988 000 元转入该账户。同年 2 月 27 日,王某某主动到公安机关自首,并退缴了所得的 1 100 元,赔偿了被害人损失 4 000 元。

法院经审理认为,王某某在明知他人利用信息网络实施犯罪的情况下,为牟取非法利益,积极配合上线并前往异地办理公司营业执照及对公银行账户,为他人实施信息网络犯罪提供支付结算等帮助,情节严重,其行为构成帮助信息网络犯罪活动罪,结合犯罪情节,判处其有期徒刑十个月,并处罚金人民币 5 000 元。

后　记

《通海律漪：新时代大学生法律风险防范与权益指南》的编写，源于对习近平新时代中国特色社会主义思想和习近平法治思想的深入贯彻，源于高校在大学生法治教育方面的生动实践，也凝聚了众多师生的智慧与心血。本书从构思到成稿，历经案例搜集、法律解析、编排优化、专家指导等多个环节，最终得以呈现给读者。在此，我们谨向所有参与和支持本书编撰工作的师生致以诚挚的谢意。

本书的诞生，离不开华东理工大学党委学生工作部(处)(武装部)的悉心指导和各学院的通力协作。项目启动之初，我们以大学生日常法治教育素材为基础，结合大学生在校学习生活与职业成长的实际场景，梳理出 5 大篇章、41 种情形和 120 多个案例。这些内容不仅是对法律规范的解读，更是对大学生成长过程中可能面临的法律风险与权益保障的详细剖析。华东理工大学法学院师生在前期工作中付出了大量努力，他们广泛收集案例、精准提炼法律知识点，为本书编写奠定了扎实的内容基础；后期大学生思想政治教育及法律专家则以专业的知识对全书进行把关,确保知识内容与教育价值相统一。在此,特别感谢各位专家在百忙之中对本书提出宝贵意见,也衷心感谢所有参与本书整理和编写的老师和同学们。我们共同让零散的事例和抽象的法律变得生动可感,更加贴近大学生的现实生活。

本书的编写过程是一次法治教育与大学生成长深度融合的尝试。法律不仅是约束行为的规则,更是保障权益的盾牌。希望本书能够成为新时代大学生的实用指南,帮助大家在大学生涯中多一分法律警惕,多一份知识底气。

最后,期待本书能够像一股涓涓细流,汇入大学生法治教育的广阔海洋,为培养新时代大学生法治素养、提升新时代大学生综合素质贡献绵薄之力。书中若有疏漏之处,恳请读者批评指正,以便我们在未来的工作中不断完善。

本书编委会

2025 年 7 月